若勢《わかぜ》

出羽国の農業を支えた若者たち

須藤 功
Suto Isao

無明舎出版

若勢◉目次

若勢

——出羽国の農業を支えた若者たち

はじめに

「わかぜ」と読む「若勢」は今も出羽（秋田、山形県）の若者会や、民俗芸能を伝承する団体名などに使われている。

かつて身近にいた若勢に対する出羽の人々の認識は、たくさんの田を持つ大地主の農家に、働く期間とそれに対する報酬（米俵数）を契約して働く若者ということだった。奉公人、雇人という若勢への冷ややかな目線もなかったわけではないが、稲作も畑作もすべてが手作りだった時代に、出羽の農業を支えた若者たちだったのは確かである。

若勢になる若者の多くは農家の二、三男だった。若勢の呼び名は地域によって多少の違いがあるが、一人前の若勢を目指して雇われる十二、三歳の者もいて、ヤロウとかヤロッコ、また最初は馬の世話からやらせることからウマヤロウとも呼ばれた。

こうした若勢を何歳から一人前とし、何歳までを若勢として雇ったかということは、雇う農家や若勢として働いたそれぞれの人によって異なり、一様ではない。働きや人柄から雇われた農家の婿養子になったり、田地をもらって一家を構えた若勢もいた。

この若勢がいつの時代にどのようにして生まれ、またどんな歴史をたどったかについての確かな記録はない。

インターネットで「若勢」を検索すると、南北朝時代に成った『太平記』巻第三の次の一節の文章も出てくる。

若勢を合て戦はゞ、六十余州の兵を集めて武蔵相模の両國に対するも……

これを読んでこの時代にすでに「若勢」が、と早合点しそうだが、文意は「もし（若）勢いに乗って戦うならば……」ということで、「わかぜ」ではない。

若勢は秋田県の各地にいたが、昭和初期に「わかぜ」は秋田県平鹿郡横手町（現横手市）などの「若勢市」と対になって注目され、しばしば新聞に掲載され、奉公人市（人市）の研究者が訪れるようになる。

「わかぜまち」といった横手町の若勢市は、若勢になろうとする若者が、定例の日に人出の多い朝市の一画に立って、「親方」と呼んだ雇主と契約するもので、文化十一年（一八一四）甲戌十二月の奥付のある「出羽國秋田風俗問状答」の十二月の項にもその様子が記されている。

この月、平鹿の郡の横手城外に、人市と云事あり……

この一文に若勢の文字はないが、人市に立ったのは「わかぜ」に間違いなく、この時代にすでに横手町周辺では若勢が大事な労働力になっていたことを物語っている。

若勢市は市に立ってわが身を売る、ということであるが人身売買ではない。人身売買は一般に第三者（親の場合もある）を介して行なわれたが、若勢市は、自分の労働力を本人自身が農家の親方と直接交渉して契約するもので、条件が合わなければ雇用を拒むことができた。

雇用の条件は報酬高で、それはたいてい米だった。親方は雇う期間で「米〇〇俵でどうか」と持ちかけ、若勢がそれをのみ、あるいは「もう少し増やしてくれないか」といって親方がそれに応ずると契約が成った。若勢市には男とはかぎらず、娘も立った。その娘をムスメワカゼとかメラシとか呼んだ。男女の若勢が一緒になって、夫婦若勢として雇われる例もあった。

若勢市はなかったが、山形県で若勢が頼りにされていたのは、酒田、鶴岡を中心とした米どころの庄内地方である。むろん庄内地方の若勢もよく働いたが、秋田県の若勢にはなかった個性を持っていたようである。

若勢と労働の内容は異なるが、若勢市のような奉公人市（人市）は江戸時代から昭和十年代まで全国にいくつかあった。かつてはどの家も家族が多かったから、その口減らしをかねて多少の収入を得るということでもあったが、「他人の家の飯を食わせる」ということでもあった。世間を知るためにということであり、娘は一度は人市に立たせて他家で働せる。それをしていない娘は嫁のもらい手がないといったところもある。農業を学ばせ人間性を豊かにするためにということで、家を継ぐ長男を若勢として他家で働かせた大地主もあった。他家には出さないが、一時、跡継ぎを実家で若勢と同じように働かせるのを「実子若勢」と呼んだ。

こうした若勢や奉公人市（人市）についての研究論文や報告書、また体験者の記録はきわめて少ない。公表されているそれらについての資料を参照しながら、若勢や奉公人市（人市）の実態に迫ってみたい。

凡例

- 江戸時代から昭和十年代の文書の漢字および送りは、原則として現在のつづりにした。
- ただし書名、論文表題、人名の漢字は正字のままとした。
- 江戸時代から昭和二十年代までの、若勢および若勢市に関わる年月日の多くは旧暦（太陰太陽暦）である。
- 引用文に記す旧町村名の横手町および平鹿郡の町村は、現在すべて秋田県横手市である。
- 若勢と雇主との契約方法とその期間、仕事の内容、雇主の農家でのあつかいと評価などは、若勢の体験者や雇主の話、また調査研究の論考それぞれに異なる。その整理、統一はしていない。
- 記載の内容に沿った仕事などの写真は参考としての掲載で、若勢による仕事ではない。
- 参考文献は参照した最初の頁の順番に一覧記載した。

秋田の若勢の記録

若勢と若勢市

江戸時代後期から昭和三十年代あたりまで、大地主の農家に雇われて働く若者を出羽（秋田、山形県）では「わかぜ」といった。一般に「若勢」と書くが、「若脊」「農人」「傭夫」の文字をあてた文書もある。秋田では地域によって「わけいしゅ」、「わげいしゅ」、「わかんぜ」といい、農家の雇主をどこでもたいてい「親方」と呼んだ。

農家と若勢の契約期間は半季と一年が多く、秋の収穫期や短期間のものもあった。藤田秀司が『民間傳承』に書いた「東北のワカゼ」には、次のようにある。

ジョウワカゼ＝一年の契約で、農家に住んで働く若勢。
デリブキワカゼ＝昼は農家で働き食事もするが、夜は自分の家に帰る妻のいる若勢。
ハンブンワカゼ＝一日おきにきて働く若勢。
サンノイチワカゼ＝三日に一日の若勢。

一年契約の若勢のほかは、仕事をする農家の近くに住まいがあって、通うことのできた若勢の場合だったのだろう。また年齢や娘、夫婦若勢の呼称もあった。


クタバリワカゼ＝十三、四歳で、食べるほかに親方の志の衣類と手拭いをもらうだけの者。

ヤロウ＝ヤロコともいい十五、六歳から十七、八歳のまだ見習いで、仕事半分の者。

ソウゾクワカゼ＝一家に一人だけしかいない若勢。

オヤキワカゼ＝一家に三、四人にいる若勢。

ワカゼカシラ＝ダイクワンドノともいい、オヤキワカゼの中の一人が親方に代わって仕事の割振りをする。

オンナワカゼ＝農仕事をする娘若勢。

フウフワカゼ＝農家に住みこんで働く夫婦の若勢。

ダイドコロワカセ＝親方の家で嫁をもらい、夫婦で働いて分家にしてもらった若勢。


藤田秀司は中仙町（現仙北市）に住んでいたので、そのあたりの若勢と思われる。若勢の姿がよくわかるので、主要項目を参照し加筆して記す。

契約＝農家の親方と若勢の契約は個々の場合もあるが、平鹿郡中心地の横手町の若勢市で結ばれるものが多い。若勢市は秋彼岸の中日と旧十二月二十五日前後の朝市の一画で行なわれる。親方は若勢市に立っている中から気に入った若者を手招きし、米何俵などの条件交渉をして雇いの契約をする。

米俵＝一年契約の場合、玄米四斗入四、五俵より最高は十二俵、この十二俵を「十二俵ドリ」といい、一人前の若勢とされる。ワカゼカシラは十三俵ぐらいもらう。

上下＝契約の米俵の高低によっておのずと若勢間に上下ができた。上の若勢は下の者に仕事をいいつけたり、教えたりする。

期間＝若勢の契約期間は一般に半季か一、二年で、その出入りはお盆の旧七月十二日と年末の旧十二月二十五日である。期間は短い感じがするが、親方の方では若勢のあつかいがぞんざいにならないうちに、若勢は農家によって異なる仕事や農業技術、風習を見て考えるためである。

禁止＝若勢は家族と同じようにあつかわれるが、家族とまったく同じではない。してはならなこと、それは誰が決めたというわけではないが、常識として守られている。

(1)仕事以外は相談もせず関係もさせない。

(2)親方の家の神仏は拝ませない。

(3)親方の家の神仏に供えたものは食べさせない。

(4)履物は玄関へ脱がず勝手口に脱ぐ。
(5)正月に米びつに供えたオカノモチ（正月、小正月に家族で食べる餅）は若勢には食わせない。

特権＝若勢はすべて親方のいうことを守り、意思に従うが、ときには親方が若勢に従うこともある。神宮時町大浦（現大仙市）とその周辺では、集落ごとに若者衆の組織があって、若勢がその中心になっている。雨が長くつづくと若者衆がシリマツリ（お天気祭）の触れを出す。春の耕作が長くなって体に疲れが出始めるとクワトリヤスミの触れを出す。集落の田植が済むとサナブリヤスミの触れを出す。この一年に三回ほどの触れにはどの親方も従い、若勢とともに家族も休ませる。これを守らず休ませなかった親方は酒五升に身欠鰊《みがきにしん》一束、麺《めん》一貫匁を持ってきて若者衆に謝らなければならない。

代米＝旧十二月二十五日は、一年働いた若勢の入替わりの日で、親方は簡単に酒を酌み交わして若勢に礼をいう。それから約束のオンダイ（代米）と、よく働いてくれた若勢には手拭いや足袋などの寸志を渡す。実家が親方の家から近い若勢はオンダイをその日のうちに雪ぞりで引いて帰る。遠い若勢はこの日までに運び終えていたりする。実家に積まれたオンダイを見て父親は息子の働きを察し、褒めてお礼をいう。この実家で昼飯をすませると契約した新しい農家へ出向き若勢入りをする。すると仕事振りを見るためにすぐ何か仕事をいいつける親方もいる。いわれなくても若勢は小さな仕事を手伝う。ヤロウやクタバリワカゼには父か兄、あるいは親戚の者が同行して、新しい農家の親方に仕事の見習いやしつけをよく頼んだりする。

牛馬＝若勢入りした日、その若勢と一緒に働く牛馬が決められる。「若勢に食わせたるものと牛馬に食わせたるものはすたらない」という。旧正月十一日は蔵開きで休みになるが、若勢はその日までに馬の手綱などを作り、馬に美しく結んで内庭を飾る。親方は蔵開きの祝いをかねて酒肴を振まう。

力量＝若勢は夕食が済むと自由になり、夜遊びに出ることもある。タマリと呼ぶ行きやすい農家に集まるが、入れかわった新しい若勢もきて仲間入りする。この入れかわりがあるとよく「力だめし」をした。米俵や石臼、大きな石や石地蔵を何回持ちあげられるか競うもので、その回数で勝ち負けが決まる。これがしばしば若勢の話題になるとともに、ときには若勢の中での上下関係になったりした。また集落と集落の対抗に発展し、勝負の結果が集落の間でものいう方と、だまって聞く方になることもあった。

小作＝若勢はホッタ田という田を親方からもらうことがある。若勢に小作させるもので、一人一反歩、三人で二反歩のこともある。若勢は休日を利用してこの田を作り、親方に小作料を納めた残りは自分のものになる。一反歩で三俵くらい手にはいる。秋にホッタ田の収穫、調整が終わると、若勢は酒を求めて親方を招いて小作料を勘定する。このホッタ田は雇入れの条件となっているところもある。

請負＝若勢は親方の指図で一日にいろいろな仕事をする。その間に別の仕事を一寸だけこなして親方を喜ばせ、オンダイをあげてもらうようにつとめる。またワッパカといって一日の仕事量をいい渡されることもある。一種の請負仕事で、それを終えると休むことができた。だから若勢はそれを全力でこなして終わらせ、二時間でも三時間でも休むようにした。このワッパカの仕事のやり方や速さは若勢の評価にもなった。

神社＝若勢が病気になったり怪我をすると親方の損となるので、親方はよく若勢を神社参拝に出す。そのため農家の休日は遠近の神社の祭日と重なっていることが少なくない。祭日には境内に市が立ち娯楽場でもあるので、若勢は喜んで神社に行った。

蒲団《ふとん》＝若勢の寝間は梁の上か馬屋の二階に設けられる。下に藁を敷詰め上に大抵エブスマと呼ぶ重い蒲団をかける。藁とこの重いエブスマの間が、若勢の短い時間でも楽しい休息の場所であり、夢の国である。

こうした若勢になるのは農地がわずかな農家や山間部の二、三男に多かった。明治以降は小学校を終えた十二、三歳で雇われ、二十五、六歳ころまで働いた。三十歳過ぎもいた。雇主の農家の親方が望んだのは二十歳前後の若勢だった。初めての若勢には仕事を仕込まなければならないし、年輩の若勢には思うように動いてくれない者もいたからである。

「わかぜ」を記した秋田県内でのわかっている早い文書は、釋淨因《しゃくじょういん》が天明八年（一七八八）

に著した『羽陽秋北水土録《うようしゅうほくすいとろく》』である。全十巻の巻二などに見る「農人」が「わかぜ」である。

当領六郡ノ中ニモ中ン就ク手練ノ勝レタルハ平鹿ノ農人ナリ、是レ則井地多クシテ人少ナキガ故ナリ、平鹿ニハ一人ニテ三人ノ量働作ヲ爲ス者多キナリ、其ノ次ニハ雄勝ノ農人ハ勝ルヽナリ、仙北郡ノ農人ハ働作ニ術達シテ作業ヲ属クシ……

著者の釋淨因は平鹿郡浅舞村の玄福寺の住職で、自ら農業にいそしみながら秋田の風土とそこに暮らす人々のことを書き留めた。平鹿郡は井地（田）は多いが人が少ないので、一人の農人は三人前の働きをする者が多いという。他領と秋田領の農人をくらべたりもしている。

天明三癸卯年諸国一等凶年の大変ニテ隣国津軽領ノ者当領ニ多ク來ガ故ニ、農人男女十九人、余ガ抱置キテ農業ノ働作、又ハ農具ノ刷イ方等ヲ試ルニ、太ダ愚ニシテ一笑スルニ餘レレリ、其ノ働業当領ノ農人ノ半量ニ及バザルナリ……

三河（愛知県東部）を故郷とする菅江真澄《すがえますみ》は岩手、青森、蝦夷《えぞ》地を歩いたあと、四十八歳の享和元年（一八〇一）から秋田の各地を歩いて遊覧記を書いた。つぎは『氷魚《ひお》の村君』の一節で、現在の五城目町谷地中の佐藤家での文化七年（一八一〇）正月十五日の習俗である。

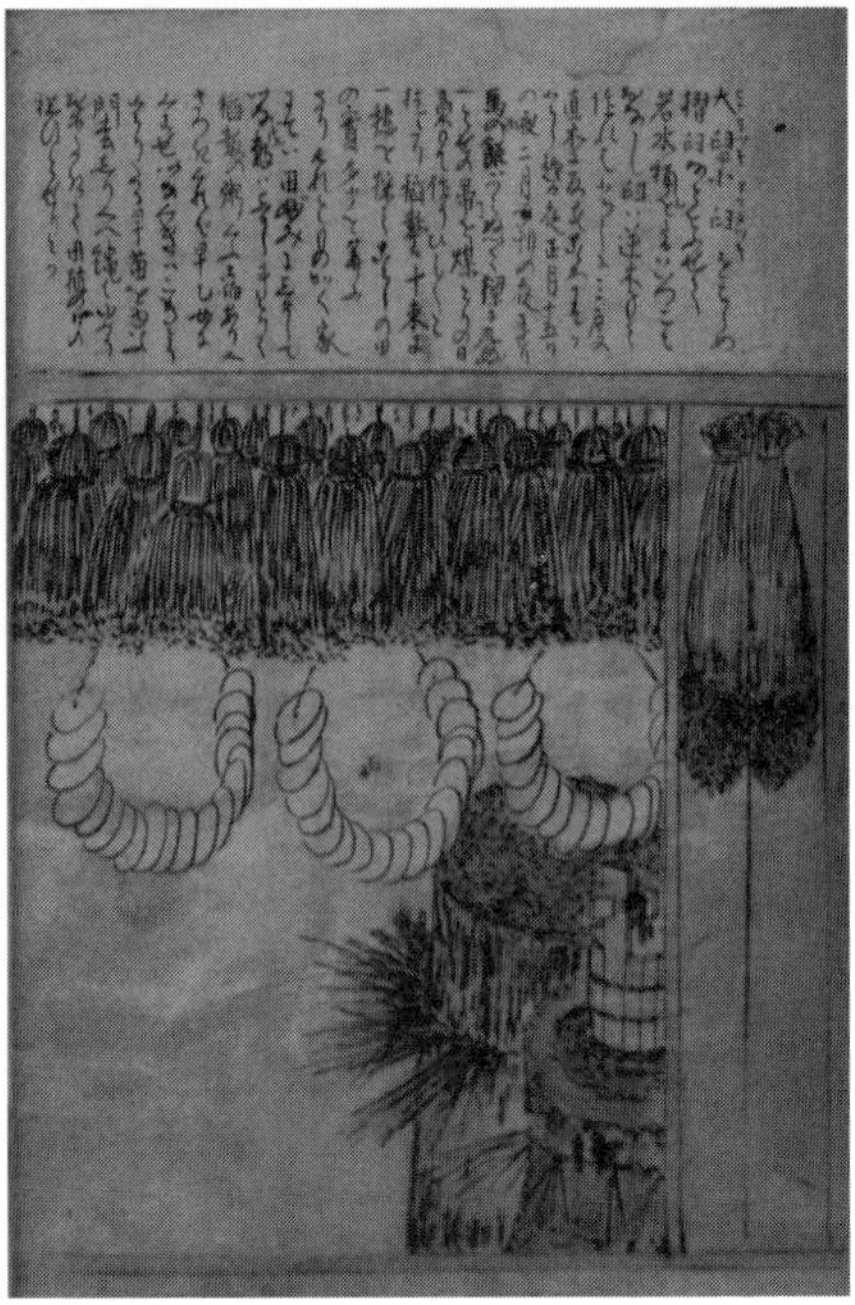

馬の餅。『菅江眞澄遊覧記』「氷魚の村君」挿図

馬の餅といって、その家のわかぜ（若男）ひとりびとりに十二個ずつあたえる数を厩屋にかけておく。また新穂積《にいほっ》むと称して、人みなが、床にはいらず、ごろ寝すると、とし男が火を埋めてふした。

馬の餅は馬の神に供える餅で、各地に見られたらしい。小正月についた丸餅十二個を縄に通し、家にいるわかぜの数だけ馬屋の入口に図馬の餅かけておく。それを十六日の朝などに焼いて馬に食わせ、残りはわかぜに与える。

また新穂積といって、年越しの夜は家族はみんな床にはいらないで、ごろ寝して正月を迎える。それを「いねつむ」といい、みんなごろ寝したころを見計らって、年男は囲炉裏の火を灰で囲って自分も伏した。

つぎは『軒の山吹』の一節で、文化八年（一八一一）五月に、現在の潟上市昭和豊川竜毛沖村で聞いた二月にあった話を書き留めた。

　空も寒く、若背（作男）らが大ぜい群がって田に肥雪車《こえぞり》ひくころには、みな白粥を食べるのが例年のならわしなので……

旧二月九日というと現行暦では三月中旬あたりで、積もった雪はかたくなり、その上を歩くことも雪ぞりを曳くこともできる。そのかた雪を利用して雪ぞりでこやし（堆肥）を田に運ぶ。その仕事の日の若勢は白粥を食べるのが例年の習わしという。

秋田藩士の石井忠行は、随筆『伊頭園茶話』に書いている。

　三十年も前までは、霜月師走より正月へかけけて、阿仁比内より若勢大く、久保田へ「冬暮らし」とて居候に出、専ら米を搗事也。其中にさして搗く方もなきものは、風大雪も不厭、早天に杵千石通しなど背負て、米ブドフブドフ（打つを訛りている）大道を触廻るを呼入て搗かすもありしが、今はさる触声聞ずなりぬ。

『秋田縣史縣治部三』に次のようにある。

「秋田魁新報」に掲載の横手の若勢市。昭和５年（1930）９月26日

下人年給ノモノハ古來之ヲ称シテしやそく若勢ト云フ。五十年以前迄ハ寝巻（夜具ト莫座ト寝衣裳ヲ云フ）ヲ背負ヒテ「しやそく置カヌカ」ト門毎ニ触レ歩キシモノナリ

これは秋田市北部の南秋田郡の幕末ごろの光景で、寝具を背負ったしやそく若勢が、雇ってくれないかと家々をまわったという。「しやそく」は「そぞく」の訛ったもので、「相続」を意味するのではないかという説もある。秋彼岸から十二月二十五日までの若勢を「彼岸若勢」とも「秋そぞく」ともいい、また一年契約の若勢を「年雇い」とも「詰そぞく」ともいうからである。

県南地方ではしやそく若勢のように家々をまわって歩いた若勢はいなかったといっても

よいかもしれない。江戸時代から平鹿郡横手町、増田町。浅舞町にはすでに若勢市があったからである。

若勢市は若勢になろうとする若者が、朝市の一画に立って農家の親方の声掛りで契約し雇われるもので、横手町の若勢市は秋彼岸の中日と旧十二月二十五日を中心に行なわれた。

なお凡例にも記載したが、江戸時代の古文書の年月日はもとより、若勢や若勢市にかかわる昭和二十年代までの断りのない年月日は、いずれも旧暦（太陰太陽暦）である。

日本は明治五年（一八七二）末に現行の太陽暦となるが、旧暦で仕組まれていた稲作作業の変更がなかなかできなかったため、平鹿郡のあたりでは昭和三十年代の初めころまで、正月も盆も旧暦だった。横手町の「かまくら」も旧暦一月十五日で、よく晴れた夜の「かまくら」は満月に照らされてことに美しかった。

若勢市については郷土史家や研究者が調査して書いている。もっとも古い記録は文化十一年（一八一四）甲戌十二月の奥付のある「出羽國秋田風俗問状答」とされ、その十二月の項につぎのようにある。


此月、平鹿の郡の横手城外に人市と云う事あり。一季半季の奉公人市にて人々その市をゆきかへりて、己がほしと思ふ価を定め約する事にて候。あたり近き里よりも出わたりて人をかかゆる也若勢の文字はないが、人市、奉公人市とあることから若勢市とされる。
ちなみに「風俗問状」は、江戸幕府の書記役だった屋代弘賢《やしろひろかた》が、各地の風俗習慣の調査を計画し、文化十年（一八一三）ころ「風俗問状」を印刷して各藩の知人を通じて配布し、その回答を求めたものである。現在に伝わる回答書は二十一種、いずれも書かれた当時の風俗習慣を知る上で貴重な文献となっている。中でもみごとな絵図一巻をそえた「出羽國秋田風俗問状答」は今も高く評価されている。これには菅江真澄の協力があったとされる。『菅江真澄遊覧記』と総称される菅江真澄が書いた二〇〇冊ほどの日記や地誌には、ところどころに彩色された絵が挿入されていて、庶民の生活を絵を通して知ることができる。問状答はその絵を参考にしている。

平鹿郡植田村の近泰知は、十八歳の小学校助手のときから村のことを書き留め、『植田の話』を著した。若勢について「農家雇傭の一奇習 横手若勢市場の事」の題で、「皆純朴にして怠業せず多くは数年同一の家に雇われ入婿となるものさえあり、植田村にても皆横手に至り此の若勢を選抜す」と好意的に書いている。

浅舞町見聞書の若勢

寺田傳一郎は『旅と傳説』に投稿した「羽後浅舞町近傍見聞書」三に、同町林崎（現横手市）の百姓・武内政之助親父に聞いた若勢のことを書いている。要約して記す。

若勢は一年相続で三斗俵十二俵であったが、仕事によって四斗俵十二俵が相場になり、ついに十五俵までも出すことになった。もっとも一人前の馬使ひ若勢のことで、働きによっては七俵、八俵の若勢も居り、飯代だけしか働かない者はヤロッコとて一俵二俵の少年である。若勢の出はいりは旧暦詰の二十五日の正午までが一年期、親方を変えるときは床捲りといって寝巻や着物を莚に包み、日用品を竹葛籠などへ入れ、橇に引いて暇乞いをして家を渡って行く。（中略）

夜割とて夜業に縄ないなどあって若勢も楽でないが、年期の途中に親方を変えることは極くまれである。囲炉裏の側で仮寝するをキドコロ寝といい、若勢には見苦しい。

上若勢は耕馬を駆使することは勿論、馬の掃除も充分心得ておらねばならぬ。仕事上手は田植は日に七十刈り、稲刈り百刈り、苗取りは種籾二斗播きを取り、稲扱きは千歯扱きにて三百束扱いた。また一人ワッパカというは一町歩のことで、平均すれば若勢一人で一町歩の田地を年中にして仕付けることができ、春のトバカキ三十枚で一人前、冬の米搗き三斗俵四俵で一人前、一日一人のワッパカ仕事とはそのことを成し終えれば他に用をしなくてもよき分量であって、春の堅田一反歩七十刈り、水田なれば百刈打ち、土返しは三人打ちを一人にて返し、田こきりは百刈り七十刈りである。

二千束積む大鳰は一人前の男でなければ稲を投げあげかね、大臼二つ重ねて踏まえて重い穂を打振って投げる。二千の鳰は下の一側七十五束にて十側毎に縄で結ぶ。

ワッパカについて、『十文字町郷土誌』につぎのようにある。

ワッパカには「割果」あるいは「割捗」の字があてられる。ワッパカ仕事の特徴は、一気に仕事を仕上げるところにあったが、それだけに精力の消耗がひどかった。身体強健で仕事上手な者は、一日分として課せられた労働量、ワッパカを半日で成し遂げ、午後はぶらぶら遊び得たが、虚弱な者は取り残された。

△水田作業

1 春農
- イ、平鍬時代（しどろ田作業）
  - 田打…百刈（約一反三畝）
  - 田こぎり…百刈
- ロ、三本鍬時代（かた田作業）
  - 田打…一反歩
  - くれ返し…三反歩
  - こなし…一反歩

2 田植時
- 畦ぬり…百刈
- 田植…百刈（しどろ田時代）

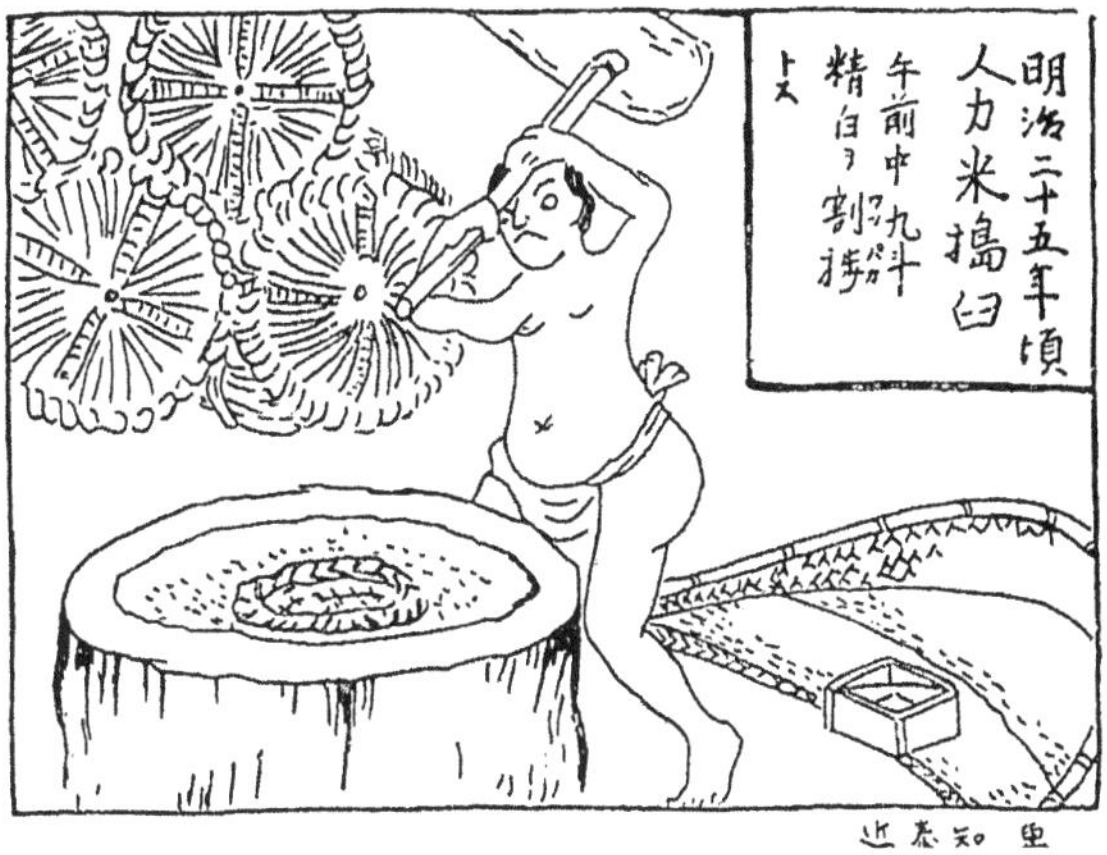

人力米搗。「午前中九斗精白ワッパカ」とある。近泰知著『上田の話』挿図

3 秋仕事
- 稲刈…百刈（しどろ田時代）
- 稲杭掛…二百束

4 冬仕事（千歯扱使用時代）
- 稲扱（扱落とし）…百束
- 籾つくり…六十束
- 米つくり…四十束
- 臼ひき……五俵（三斗入）
- 米搗……古米…三俵
- 新米…四俵

△その他の作業

1 草刈り
一番ほけ…朝食後七回。約百貫ほど。
二番ほけ…一番ほけよりも回数は減。

2 雑木枝伐り…三人で百把

3 縄ない（ざく縄）…十把

4 馬沓つくり…二十足

水田作業などの（　）に記された「しどろ田」とは湿田のことである。田植はもとより一年を通して水を張ったままの田で、明治時代初期まで東北地方の田はほとんどはこの湿田だった。かつて東北地方はしばしば飢饉に襲われたが、それは少し天候不順がつづくと稲が成育しなくなる湿田にも原因があったはずである。また湿田で収穫した米は品質がかなり劣り、『秋田縣史資料編明治下』につぎのようにある。

東京・北海道の市場にてはその価も安く、商人は容易に手を出さず、したがって売れ行きも活発ならず、世間にては秋田米といえば悪米のことと心得、悪しき米おば一概に秋田米の如しと唱えられるのは、わが県人として如何にも残念のことではないか。かつこれがために受けるわが県の損害を見積ると、実に非常の金高となるべし。

湿田は三本鍬などでの人力だけの耕作では能率があがったし、田に草が生えるのと肥料分の流失を防いだ（肥料が浸透しないという説もある）。しかし「悪しき米」は農家の収入にも関わることで、明治時代になると、東北の各県は湿田を解消するために指導に乗り出す。乾田には馬耕がともなうため、秋田県でも福岡県などから犂を使う馬耕の指導者を招き、県内各地で講習会を開いた。その乾田によって明治時代後期あたりから、馬耕が若勢の働きの条件に加わる。初若勢の仕事はこの馬の世話からという農家が多くなった。

秋田県の農家の乾田への意識の高まりによって、やがて「悪しき米」の名を返上する。現在は昭和五十九年（一九八四）から市場に出まわる「あきたこまち」など、秋田産米はだれもが美味しいという評価を得ている。

若勢市の将来

横手職業紹介所は若勢市についての説明書を、昭和十四年（一九三九）七月一日（新暦）に印刷としている。外部からの問合わせにそなえたものだろう。横手の若勢市についての記録は、「出羽國秋田風俗問状答」以外に未だ見当たらないとして、郷土史家の大山順造が提供したこの記録についての手稿を参照している。要約して記す。

「地方労働紹介の起源と横手の若勢市に就いて」

大山順造は、仙北郡のどこかで文政のころの人市の記録を読んだように記しているが、文化、文政のころほかではその形式が違っていたのと、盛んではなくなっていたことから、横手の人市が珍しい風俗と感じられて「問状答」に記されたものと思われる。この問状答には「此月」とのみあって日は書いていないが、それは十二月に行なわれ日は特に定まっていない。すなわち日々立つ朝市場（野菜、山菜などを売る）の間に男女労働者がミノケラを着て夜具、寝具を背負い、群れをなして立つのは一週間くらいはつづいた。しかしそのもっとも多い日は此月の二十五日であることは明らかである。

それはその年の雇傭期限が切れる日でもあり、また市場に人出の多い日であるからであろう。若勢を雇入れたい求人者（親方衆）は、そこらに立つ群れから有望な青年を物色し、手招きして交渉する。場所は群れを離れることわずか二歩三歩の路地で、契約が成ると直ちに露店の居酒屋で新しい主従二人が、「手打酒」を酌み交わす。

多いのは七月十三日から十二月二十五日までの半期雇傭契約（四斗俵五俵半期契約条件）で、女若勢のうちには女中として雇われた数もすくなくない。この契約期間は若勢市に立たないで契約する若勢にも多い。この十二月の若勢市の外に秋彼岸のころから市場に立つ若勢がある。これは稲刈り時から十二月二十五日までの契約で、繁忙期をねらったものらしい。「生きた人間の市場」とは奇異な感をあたえるが、この市での契約は一般に行なわれるものと少しもたがわず、ただその契約が路上で結ばれるというところに独特の形態がある。

この風習が年ごとに衰えてゆくとすれば、それは雇傭者、被雇傭者が不便を感ずるようになるので、廃れゆくとは思われないが、国営の職業紹介機関を利用する出稼労働者の増加と時運の進展などによって、あるいは将来この「若勢市」の情景は見られなくなるだろう。ことに横手職業紹介所の国営移管によって実施をみた移動労働紹介の完備によって、やがて若勢市は没するであろうとも思われる。「若勢市」は、かつてはいたるところで行なわれていたのではないかと考えられるが、文化、文政のころ横手以外にはほとんど行なわれなくなった。すなわち時運の進展と変化がそのころから若勢の求職者を少なくしのではなかろうか。

徳川時代、横手町を中心とした平鹿郡内は耕地面積※がきわめてわずかで、したがって農法はまことに幼稚だった。加えて凶作、飢饉がつづいて生活が困難となり、この地方でも残酷きわまりなき間引きが盛んに行なわれるようになった。それは明治時代初期までつづいたようである。そのため文化、文政期に過剰人口、すなわち過剰労力が減じて若勢市もなくなったのではないだろうか。

※明治二十三年（一九八〇）の「秋田縣各郡大地主人名簿」（『秋田縣史資料編明治下』）によると、大地主は鹿角郡五人、北秋田郡十七人、山本郡九人、南秋田郡二十六人、河辺郡五人、由利郡十八人、仙北郡四十六人、平鹿郡三十九人、雄勝郡十一人と県内九郡で平鹿郡は二番目に多い。

それでもなお横手町に若勢市がつづいたのは、平鹿郡の横手町の接続地がみな若勢を必要とする田地本位の農村だったのと、横手町に隣接する田地の少ない平鹿郡山内村をひかえていたことから、そこの二、三男の働き口の紹介機関として若勢市場が必要だったこと、それは若勢に山内村の若者が多かったことが如実に物語っているようである。

昨今、山内村は杜氏、雑夫（一名酒屋若勢）の出稼者がすこぶる多い。これが横手職業紹介所を経て就職する者は一ヵ年間に約一五〇名、紹介所を経ない者がおよそ二〇〇名、合計三五〇名におよび、行き先は満洲、北朝鮮、富山、静岡、千葉など遠近がある。これがかつて若勢市の主力だった山内村の若者の現在の一つの姿だが、といって若勢市に立つ若者がいなくなったわけではない。多い日には二、三十人、外の日にも五人、十人と立ち現れて契約している。こうした若勢市にはエピソードもいくつかある。

手打酒の話

近年この若勢市を梯子式に利用する油断できない若勢がいて、親方を唖然とさせている。親方は目につけた若勢を手招きして一言二言で契約が決まると居酒屋で手打酒を交わす。それで親方はすっかり安心して帰る。その親方を見送った件の若勢は、再び若勢の群れに涼しい顔で並ぶ。ほどなく親方から「ちょっと、ちょっと」と声がかかって手招きされ、「ンナ（お前）年なんぼになる。んだか、おれは館合の土田だが、おれとこさこねか、十俵だ」若勢はすぐ「すたら（そんなら）面倒みてけれ」と答えて、またも居酒屋で手打酒を飲むのだ。さらに四人、五人もの親方と手打酒を交わし、夕方、千鳥足でしかも大声で歌いながら村へ帰る。まったく呑気な話だが、事実である。馬鹿を見るのは親方衆である。

見損った話

こうした話もある。一見してまことにすばらしい筋骨で堂々たる腕力の若勢を雇入れた。「今年のおれんとこの若勢はたいした働き者のようだ。大当たりだ」と喜んで幾日か働かせてみると、これはとんでもない看板倒しのデクの棒だった。なるほど、体はたくましいが、朝寝坊の大酒飲み、娘コたらしのまったく手に負えない若勢で、親方もこれにはあきれ果てて、「驚いたヤツだ、よくよく今年の若勢は見損った。こんなつもりではなかったが」と落胆、悲憤やるかたない親方があちらこちらにいる。「見損った」という語源はここから出たのではないかと、横手の人はいっている。

夫婦若勢の話

現今はいざ知らず、かつて若者は若勢市に立つことを一つの誇りとしていたと聞くことがある。若勢市に立つ男女若勢の中には、市が取り持つ縁となって行き当たりばったり夫婦となり「夫婦若勢」となって、結びの盃と若勢契約の手打酒を一緒に酌み交わし、晴れて夫婦一緒に雇傭された若勢もいくつかあったという。現に平鹿郡のある村には、長い間よく働いてくれた夫婦若勢に親方が田畑をあたえ、一家を構えて今は孫の顔を見るという例がある。

若勢達小屋こ《わかぜあだごや》

つぎは秋田県東成瀬村の小学校長で、村の歴史や民俗を丹念に調べて書いていた菊地慶治が、民俗学者で農村更生協会主事の早川孝太郎に送った「若勢達小屋こ」の絵と、その裏に記した説明文である。

小屋は「合拳小屋《ぐっちょごや》」とも単に「こやこ」ともいう。毎年、初冬の頃に建て雪消えを待ってほ

若勢達小屋こ。絵・菊地慶治

ごすのである。五、七人組合って丸太・縄・萱・むしろ・こもなどを各自が持寄り、人家の付近の畑に火災のおそれがないような場所を選び、一日がかりで建てる。小屋の中の土間をちょっと掘って、細長い囲炉裏《いろり》を作り、丸太で炉縁をすえる。炉の周囲に藁または萱あるいは籾糠などを散らし、その上に莚を敷く。土の湿りを防ぐためである。

その晩、「新宅」と称して夕食後、各自が小豆《あずき》を汁椀で一杯と酒若干、重肴《じゅうざかな》を携えて集まり、新しい囲炉裏に焚火をして、大きな小豆鍋を自在鉤にかけて煮る。そしてお祝いをする小豆汁に入れる砂糖は、店から買ってあとで割合する。

農家では収穫物の調整が済むと、もう格別の仕事もなくなるから、若者たちは

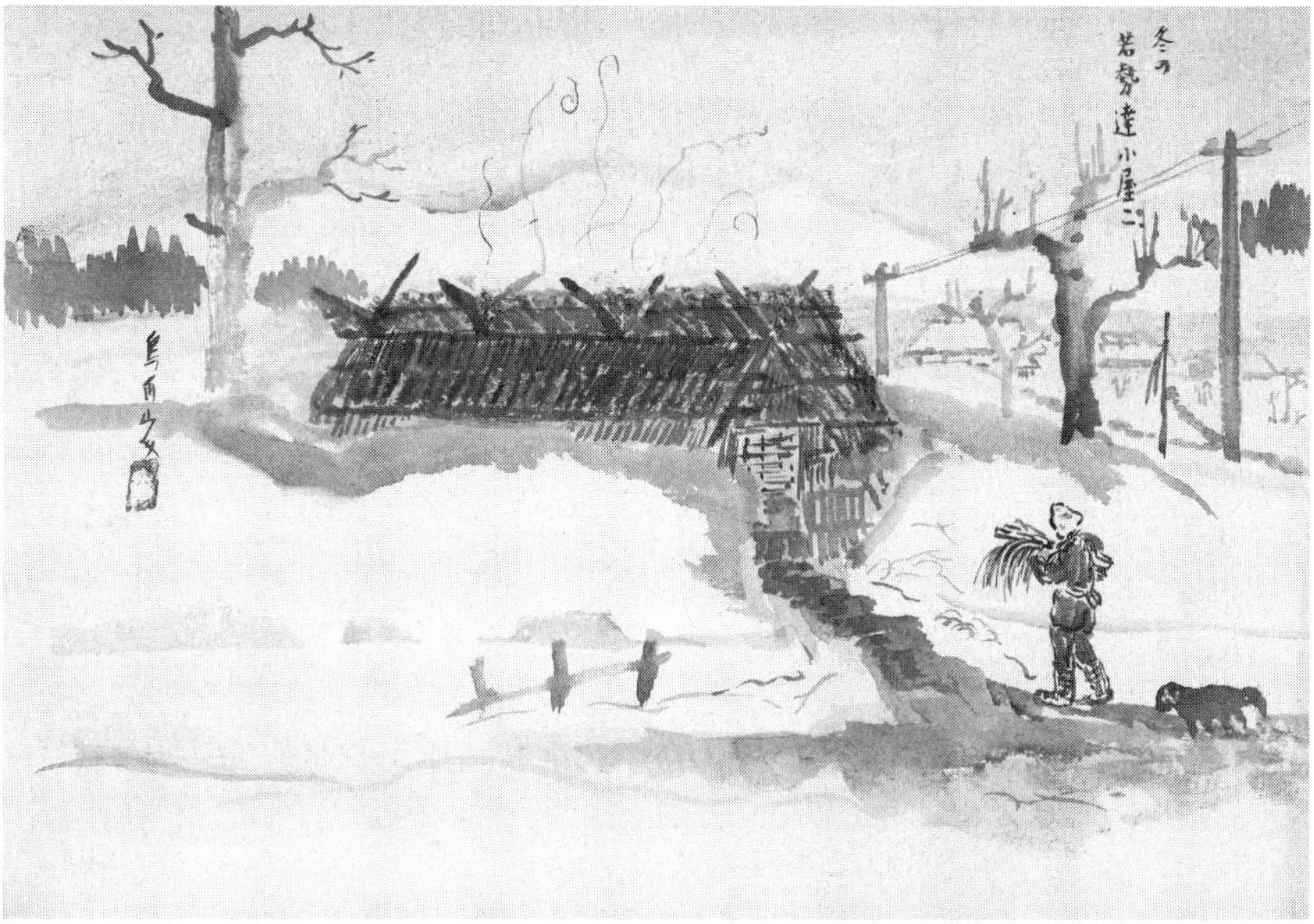

若勢達小屋こ。絵・菊地慶治

毎日、打藁と薪を三、四本ずつ持って小屋に集まり藁細工をする。この期間を「小屋こかぶり」という。わらじ、ぞうり、雪沓《ゆきぐつ》類、縄類、けらこ、せなかあて、はばき、馬の道具などを作る。蹄鉄《ていてつ》のない頃は馬沓《うまぐつ》も作ったが、現在はめったに作らない。

わらじは五十足ほど、もっとも家族数に応じて必要なだけ作る。馬沓《うまぐつ》は百五十から二百足くらいだったと記憶する。わらじは一夜に五足、馬沓は昼に十足、夜に五足ぐらい。それを扱いや保存に便利なようにするため緒に縄を通し、きちんと締めると玉の形になる。これを「ぼんぼら」という。それを梁に長い丸太を横に渡して吊りさげる。

小屋の連中みんながわらじ五十足を作

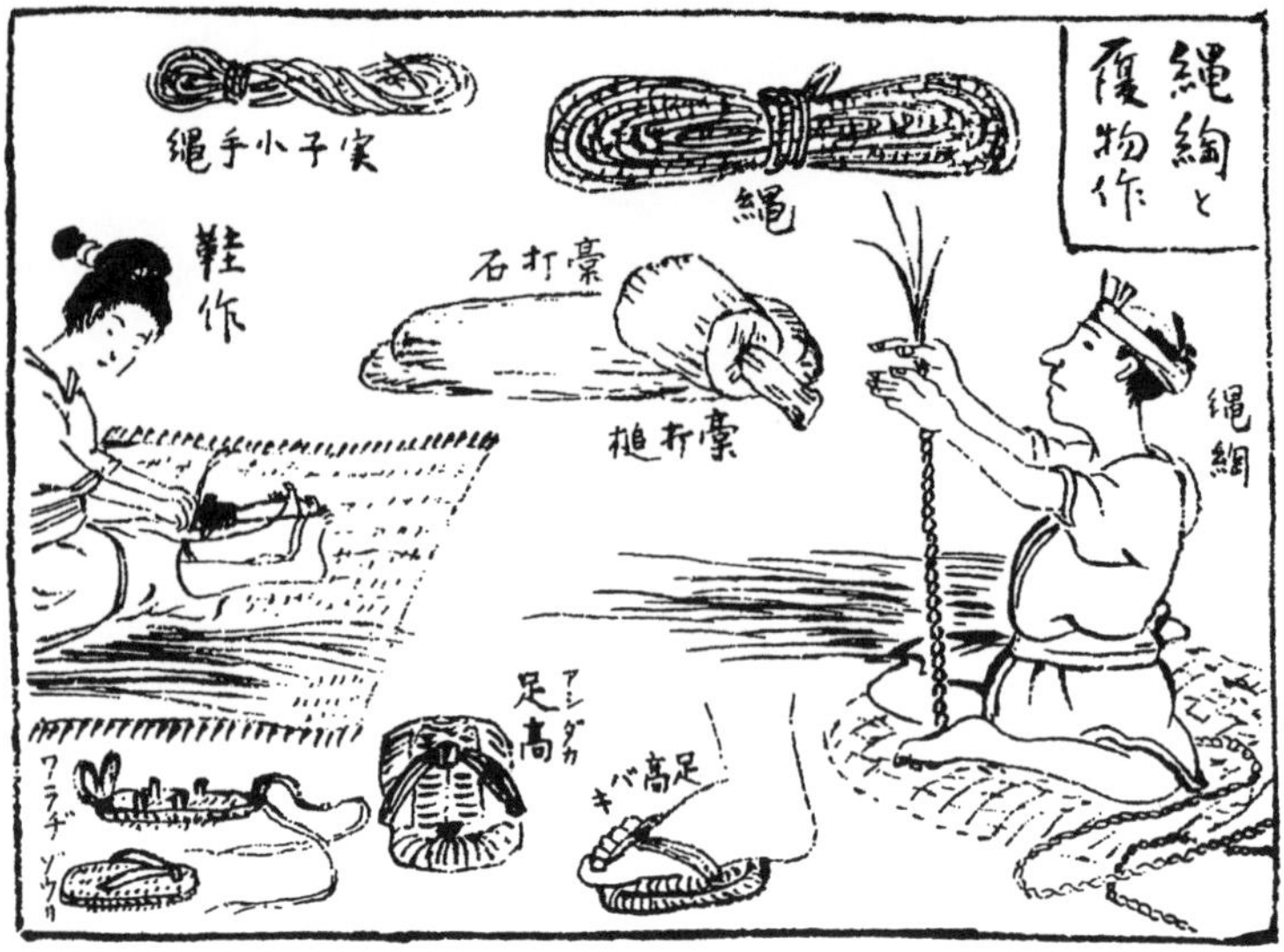

縄ないと履物作り。近泰知著『上田の話』挿図

りそろえたところで、「五十祭」をやる。それは予め豆腐を注文してすらせ、酒、重肴などを持寄り豆腐あぶりや豆腐汁で祝う。この両度のほかにも山兎などの「出合食」を度々する。

藁細工は互いに教え合い自然に覚えるようになる。それぞれ上手、下手があるが、その技術のない者はみんなから嘲笑《ちょうしょう》されるので、発奮して追々、上手になる。兎角、技術のことはコツがあるので、口先で伝授するのは難しい。やはり見習い、聞き習うほかはない。

作業に集まれば民謡、尺八、笛、おとぎ話、世間話、時事問題、その他エロ、グロまで飛び出す。だれに遠慮もいらない。ただ笑い興ずるのだから、こうした雪中半年の小屋こ生活は、若者たちにとっては、こよなき楽しい書き入れどきである。そしてまた民具のこし

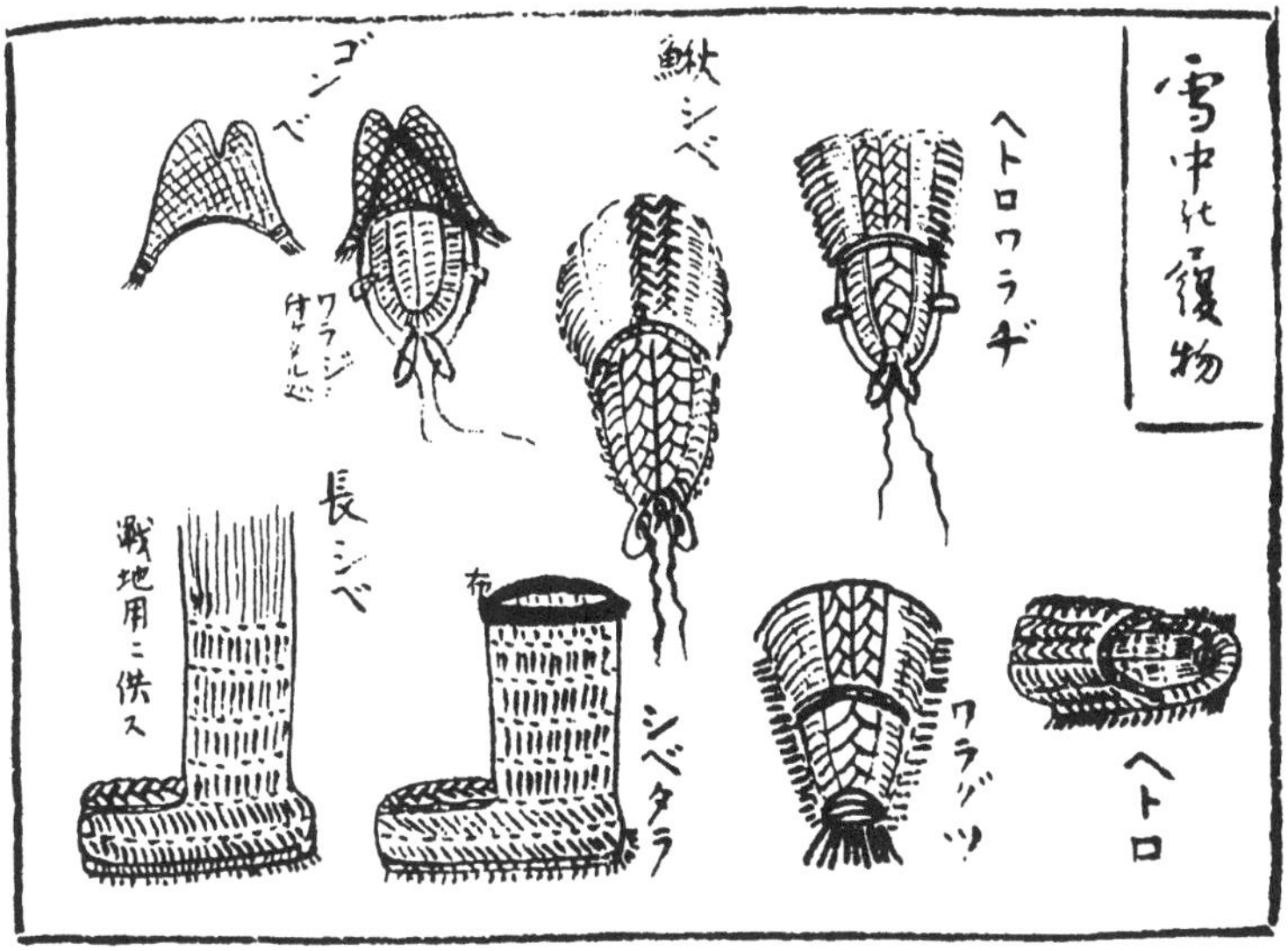

雪中の履物。近泰知著『上田の話』挿図

らえ方やら、常識を知らず知らずのうちに養う施設でもある。全く自由、平等、民主的社会である。

　昔は部落によって「小ばくちこ」などもあったりして、五十文、百文と負け勝ちもあり、ときには負けて着ていた胴服までも取られたなどの話もあったが、現在はばくちのあるを聞かない。また群衆心理というか雷同性というか、小屋この連中が夜、他家の戸の口あたりの箱飼の西洋兎を無断失敬して煮て食い、あとでなんのかんのと詮索におよんだ末、小屋こ連中と知れ、おまけに手許のせがれまでが仲間の一人とわかっては、のしあげた拳のやり場がないといったような喜劇も、数年に一度は耳にした。

　小屋こ内の照明は昔は焚火のほかげそのものだったろう。それから松脂《まつやに》、石油ランプ、ガスカンテラと移り、このごろは臨時燈を引入れ、ラジオをすえたり、文化はまさに小屋こからの観を呈するにいたった。

小屋こにはそれぞれ個性？　がある。連中のうちのリーダー格の者がよければよい感化を受け、悪いのがいればばその方に引きずられ勝である。集まる者はたいてい類を求めて集まるような傾向があるため、自然にそれぞれの小屋こに個性が生ずるわけだろう。

若い者は兎角、孤独を好まない。自分の家で親父のそばで働くよりも、こうして集って働くと、仕事を嫌だと思わずにするし、能率的でも仕事は常に技術的にも量的にも競争をともなうからである。多少の弊害はあるにしてもよい点も多いから、これは長くつづくのではあるまいかこうして無意識の間に我らの祖先の生活の一部が、小屋こを通して次代に伝承されつつあると思えば、いとど今昔の感に堪えない。

なおこうした（小屋こ）ことがよそにもあるかないかは、私はしらないが、県内には所々にあるのではなかろうか。本村では各部落に必ず数ヶ所はある。

若勢市と若勢を語る

戦後の若勢市

戦争が厳しくなる昭和十六年（一九四一）から横手の朝市はなくなり、若勢市も途絶える。終戦で朝市が復活した昭和二十年（一九四五）旧十二月二十五日に若勢市も再開された。でも昭和二十二年（一九四七）から始まった農地改革の実施で、若勢市はなくなったとされる。といって若勢までなくなったのではなく、農地改革で大地主はいなくなったが米作りにまだ男手を必要したので、親方は若勢を訪ねて直かに契約して行った。それに若勢同士で誘い合って行き先を決めるようになったので、若勢市は必要なくなったのだという。

昭和四年（一九二九）に平鹿郡栄村に生まれた中山氏（仮名）は、その終戦の年に初めて若勢市に立った。中山氏はそれから六年ほど若勢として働いたが、その実体験と見たり聞いたりした若勢のことを、昭和五十三年（一九七八）と同五五年の二回、包みなく話してくれた。

「モッコモッと雪ッコの降る日だったな」

朝市の立った昭和 10 年代の四日町。金喜書店発行の絵葉書

横手市の要職にあった中山氏は、十六歳で初めて若勢市に立った日を思い出すように、静かに語り始めた。姉三人、弟二人の六人兄弟で、家は思うだけでも顔が赤くなるほど貧しかった。貧農をいういわゆる「五反百姓」で、長男の中山氏は一家を助けるためにも若勢に出なければならなかった。若勢に出ればわずかでもとにかく米がはいる。それに中山氏が家を出ることで、その分の米を兄弟にまわすことができる。中山氏にしても、雇ってくれた農家で飯だけは腹いっぱい食えるという腹づもりがあった。

〝馬と若勢にはいくら食わせてもよい。食わせれば食わせるほど、馬と若勢はよく働く〟といわれていた。

中山氏が立った日の若勢市は横手町の四日町で行なわれた。タチマチと呼ぶ朝市の立つ通りで大変な人出だった。頬かむりをしている若勢が多かったのは、その通りの一画で行なわれている若勢市の若勢を通りすがりの人がそれとなく見る、若勢にするとじろじろと見られているようで顔を隠すために頬かむりをした。

その日の若勢はきれいに洗ったモモヒキにマエカケを着け、背にケラッコを着ていた。夜具をゴザに巻いて背負っている若勢もいた。親方と話がついたらすぐにその農家に行くつもりだったのだろうが、農家によっては夜具は持っていかなくてもよかったし、話がついてもその日にすぐ行くとはかぎらなかったから、何も背負っていない若勢もいた。

ひやかし半分の通りすがりの人と違って、雇う親方はみな真剣だった。見て選んだ若勢のよしあしで一年の農作業の能率が大きく違ったからである。

その判断、親方から見た若勢のよしあしは体格や腰つき、それに履いているワラジなどを見ているようだった、と中山氏はいう。二年、三年の経験のある若勢は、雪ぞりに自分で編んだナワやワラジ、ケラミノなどをおいておき、それも評価の対象にしてもらっていた。藁細工は若勢が自分の力量を示す一番のものだった。親方はその中から気に入った若勢を見つけると、路地や家裏などにそっと呼び、小さな声でたずねた。

「オメ、何俵だったか」

そこで若勢は先年は何俵だったと答えるが、年を重ねた若勢はサバを読んで、十俵だったのに「十二俵だった」と答えたりした。そのころの相場は、初めての若勢は一年働いて四斗入十俵、二年目は十二俵ほどで、一番よくて十六俵だった。

「どだべ、十二俵で」

と親方にいわれて、

「うーん」

と若勢はダメというようにしばらく黙するが、結局は親方のいいなりになる場合が多かった。といっても、ただ俵の数だけで返事をしたわけではない。行く先の村に知っている仲間がいるかどうか、ということも考え合わせてのことだった。だから一人だけ仲間からはずれそうになると、逆に親方に頼んで雇ってもらった。その場合は俵の数が少なくなった。

この若勢の方からの頼みには親方達にも考えがあつた。村の中でたんともうかっている農家にその若勢をまわしたのである。

戦前から戦後の米の供出は、まず上の方から村に何俵という割当てがきた。村ではそれをそれぞれの農家が持っている田の大きさ、反数によって割当てた。農家はそれによって供出したが、豊作だった農家はむろん楽に納めた。しかしできのよくない不作だった農家は割当てを納めるだけで精一杯で、自分の家の保有米すら十分でないこともあった。でも豊作の農家は豊作だったからといって、不作の農家を助けることはなかった。それどころか豊作を語ることはなかった。そして自分の家の分を残すと、あとはヤミで流した。それは丸々のもうけとなったから、豊作だった農家は一段と太り、不作の農家はさらに大変になった。そうしたことは狭い村内ではおのずと知れるから、若勢に頼まれるとそうしたもうかっている農家にまわした。

契約の条件

若勢と親方の話がつくと、親方は酒屋に連れて行って酒を飲み交わした。契約が成立したことを確認するもので、それを「手打酒」といった。酒代の支払いはむろん親方である。

中山氏のときの契約は一年であった。半季というのはなかったが、雇われてから働きがわるいといって半季にさせられることはあった。逆に親方の人使いが荒く、若勢の方から申し出て半季にしてもらうこともあった。どちらにしても半季以下というのはなく、どんなにつらくてもその期間、半季の七月十三日までは我慢しなければならなかった。

ときには親方の方からもう一年いてくれないか、といわれることもあった。そのときには当然ながら俵の数を増やしてもらった。こうした契約は、契約といっても証文を交わすことはなかった。口約束と酒がその証である。それでもとにかく一つの労働契約には違いなかった。親方と若勢が一対一で交渉して契約するのだから、考えようによっては会社にはいるのと同じようなものだが、中山氏は身を売るという感じがどうしてもぬぐい切れなかったという。それは若勢はその労働力だけが必要という非情さがそう感じさせるのだろう。馬と同じあつかいである。病気をしても親方は見てくれず、それどころか休んだ分だけ米が減らされた。

また、中山氏のような貧しい農家の者は百姓仕事を十分に覚えているとはいえず、一人前になるまで苦労した。百姓仕事は盗み覚えろといい、だれも教えてくれなかった。それでも中山氏はとにかく頑張って、一年の契約を終えるころには一通りのことを身につけた。

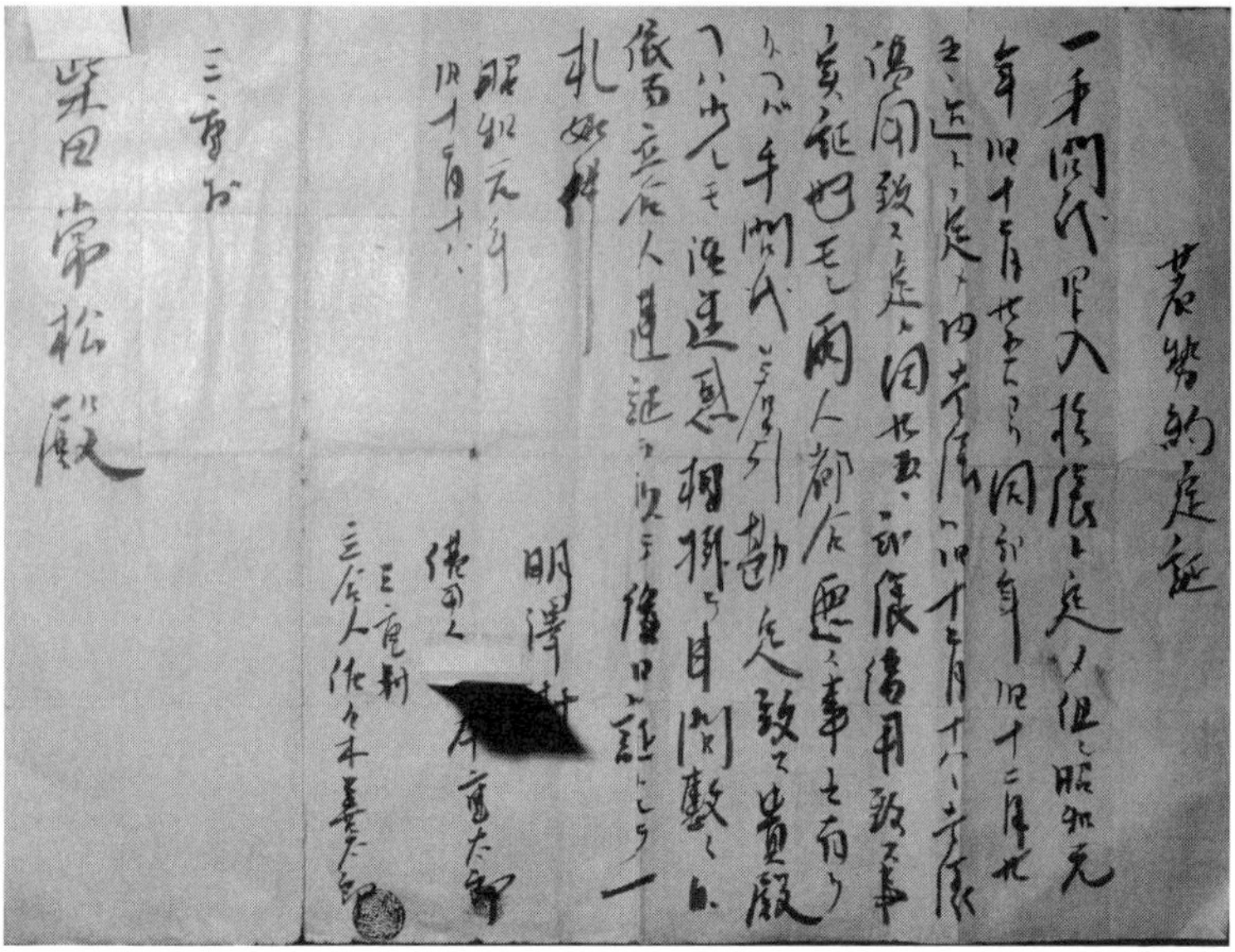

若勢約定証

昭和元年

柴田常松殿

若勢約定証を交わした若勢もいた。提供・油谷満夫

もっとも若勢は、中山氏のような貧しい農家の者ばかりではなかった。百姓仕事を覚えさせるために、あるいは他人の家の飯を食わせるということで、息子を若勢に出して、自家には別に若勢を雇い入れるという農家もあった。

中山氏のときには、若勢を希望する若者が三、四十人ほどいた。でも互いに言葉を交わすわけではなかったから、どこの出身なのかはわからない。あとで聞いた話から、今は横手市に合併されている栄村、境町村、山内村の者が多かったようである。

一方、若勢を雇う親方は横手盆地のあちこちからきていた。三町歩(三ヘクタール)、五町歩という田の持主で、二町歩でも一人は雇った。大地主になると三人も雇い、年齢と経験年数でアニワカゼ、ナカニ、シンワカゼなどと呼んでいた。

親方の家での若勢のあつかいは、家族同様のあつかいをしてくれる農家もあれば、上下関係をきちっとさせる農家もあった。それがはっきりするのは食事のときである。前者の農家では家族と一緒だったが、後者では台所で一人で食わされた。ただどちらも飯だけは腹一杯食えた。弁当も弁当箱にギュウギャウに詰めてあって、真中に箸を立てて持ち揚げられるほどだった。おかずはたいていボタッコと身欠ニシンの煮付けだった。ボタッコは塩シャケを焼いたもので塩辛い、身欠ニシンの煮付けも塩たっぷりだった。シャケもニシンも今は値のいい魚になっているが、当時は一番安い下の者の食いものだった。

若勢の年齢は十四歳から二十五歳まで、正しくは二十五歳の昼までと決まっていた。昼までというのは、若者はその刻まで育つが、それ以後は成長が止まってしまうので、その刻から一人前の男としてみなすとした。そしてもう若勢にはなれない。気にいった若勢を毎年雇い、その年齢までに女の奉公人と一緒にさせ、田畑を分け与える農家も少ないがあった。

「朝起きるのはいつもだば四時だったナ。起きるとすぐ馬さ餌ッコやて、それがら、んだ、雇われてすぐだば正月の準備だったナ。年が明けると山出しやコエ曳きだっ」

「手打酒」から一日、二日おいて雇われた農家にはいるとすぐ正月準備、そして除夜の鐘が鳴るとそれからの三ヵ日は休みとなった。そういうと楽なように聞こえるが、十二月二十五日まては、それこそ寝食を忘れるようにして身をこなさなければならなかった。それまでに稲扱を全部すませ、親方に納めなければならない藁細工をきちんと整えなければならなかった。でもそれは前に雇われていた農家でのことである。

「今、考えるとおかしいナ。忙しく働いたのは前の農家。骨休みしたのは新しく雇われた農家だったもナ」

二十五日までの忙しさにくらべると、暮れの馬草作り、注連縄ない、煤はき、餅つきなどの仕事は楽だった。そしてそれにつづく三ヵ日は若勢にとって待ちかねていた一年中でもっとも長い休日だった。

ついでに若勢の休日のことを話すと、朝から一日休めるのはこの正月の三ヵ日だけ、節供や盆も午後からでないと休ませてもらえなかった。一日に十回も餌をやらなければならない馬がいたからで、午前中に一日分の飼葉《かいば》を用意してから、ようやく休むことができた。

小遣いは年二回、盆と正月で、中山氏のときはどちらも百円だった。そうして休みと小遣いを手にして実家に帰っても、父母兄弟のそばに泊まることはできなかった。母や姉に仕事着の洗濯や繕いをしてもらい、夕方には親方の農家にもどった。

若勢の部屋は中門造りの門の上にあった。門番も課せられていたのである。部屋にはイロリと蒲団以外は何もなく、本当に寝るだけだった。雪が降り出すころには、蒲団の下に自分で作ったシベブトンを敷いた。シベは稲の根元のところに生えるフワフワした葉（茎）のことで、フクワラともいった。そのシベをを四、五枚つないだフスマ袋(馬の餌に混ぜる麦殻を入れた袋)

に押しこんで蒲団にした。シベで作ったマットレスのようなもので、わりに温かだった。

休日ではないが、町に使いにやらされるのは楽しかった。でも毎日びっしり仕事のある若勢には、そうしたことは本当にごくまれにしかなかった。

田植までの仕事

稲作は三月中旬の種籾の選別から始まる。前年の秋にカマスに入れて蔵や屋根裏に吊るし保存しておいた種籾を降ろし、まず塩水で選別する。中ぐらいの樽に水を八分ほど入れて鶏卵が浮く程度の塩を混ぜる。それに種籾を落とすと良い籾は底に沈み、質のわるいのは浮いてくる。浮いた籾をすくって捨て、良質の籾をホルマリンに漬けて消毒し、一俵一斗入りの俵に入れて七日から十日間ほど池沼に浸す。そのころ年によっては山はまだ雪で真っ白、家まわりにも雪が残っていたりする。選別が終わると今度は苗代作りである。

「冷たかったナ、氷の張った苗代にひゃったことも何度かだ。あまり冷たく

種籾をおろす。滋賀県木之本町。
昭和 56 年（1981）5 月。
撮影・須藤　功

て片足ずつ揚げたりおろしたり、んだどもすぐ感覚がなくなってしまうんだ」

今でも苗代作りは大事にするが、「苗代半作」といって昔は特に慎重にていねいに苗代作りをした。まず苗床を起こして水を入れ、ていねいに畔作りをして石灰窒素を入れた。石灰窒素は害虫のユリミミズを駆除するためだが、同時に肥料にもなった。ついで馬鍬か鍬で泥土をかきまぜる。さらに土を軟らかくするために鍬で打ち、ゴミを取る。大きなゴミは鍬などで取り、小さなゴミは手や笊で拾った。そこまでやると泥土は寒天を流しこんだようになる。最後は板などで平にならす。そのころの苗代は一面に水を張った池のような作りだった。

塩水選。滋賀県木之本町。昭和56年（1981）5月。撮影・須藤　功

苗代ができると種まきになる。池沼に浸しておいた種籾を引きあげ、日向に二、三日おいて水を切り、風のない朝の飯前にまいをした。少しでも風があると種籾が風で流れて一ヵ所に集中し、苗代に平均して広がらないからである。

種まきは暦を見てよいの日を選んだが、今いったように風のない日が条件だったから、その日にやれるとはかぎらなかった。種まきは三月末までに終わらせればよかった。

種まきの要領は、手桶に入れた種籾を一握り握り、苗代の畔を静かにまわりながらサッサッ

風のない朝の種蒔き。秋田県湯沢市。昭和 36 年（1961）4 月。
撮影・佐藤久太郎

とまき散らす。すると種籾は〝ジャッジャッ〟という音を響かせて水面に落ちる。中山氏は緊張する一瞬、一瞬だったという。

そうして種まきを終えると、つづいて籾がらを焼いたクンタンを散らす。保温と種籾が浮上するのを防ぎ、ミズカナ、ツチカナを吸収させるためである。

この苗代は家の近くに作った。水の管理がやりよかったからである。冷えこむ日には水をきちっと張って保温し、陽がさすときは水を少なくして苗の根元に陽が届くようにした。

そうした苗代の仕事が一段落してホッとするころ、春遅い横手盆地にもサクラが咲き始める。ふんわりした空気が野山をつつむ一年中で一番よい季節で、あちこちから花見の歌声が聞こえてきた。小学校の運動会もあって、若勢はそれらのにぎやかな声を馬犁を使いな

馬とえぶりで代掻き。秋田県湯沢市。昭和35年（1960）5月。
撮影・佐藤久太郎

がら聞いた。

「ホッ」

「ホヤッー」

馬が立ち止まったとき、あるいは方向を変えるとき馬にかける掛声である。その掛声は花見や運動会のにぎやかな声に対抗しているようだった。

仕事の手順からいうと馬を使って田を起す馬耕の前に肥料を田に入れる仕事があるが、それは次の肥料のところで話すことにする。馬犁でまず一通り田を起し、二、三日そのままにしておき、クリガエシといってもう一度起した。表土を万遍なく陽にさらすためで、それをムネサラシといった。人手のある農家ではそれを二、三度やった。この馬耕のとき、親方は若勢の仕事振りと能力を見ていたようだ、と中山氏はいう。

その判断は一日に何反歩の田を起したか、という仕事量だった。

その仕事量を土地ではワッパカといった。それが「ワッパカだ」というと、親方にいわれた仕事量をこなしたこと、あるいは一日の仕事を終えたことをいった。

ムネサラシをしてさらに数日おいて、今度は三本鍬で土をたたいて土のかたまりをほぐす。

それから水を入れ、馬にナラシマンガつけて代掻をする。仕上げは長さ四メートルほどの杉丸太を縄をつけ、それを馬で曳きまわして田面を平にした。

田植はユイッコ、いわゆる「結」でやった。結で田植をする農家の順番が決まっていて、それぞれ

苗取り。秋田県湯沢市。昭和 38 年（1963）6 月。
撮影・佐藤久太郎

結による田植。昭和 38 年（1963）6 月。
撮影・佐藤久太郎

馬も飼葉のタバコどき。秋田県湯沢市。昭和36年（1961）5月。撮影・佐藤久太郎

の農家に若勢が行って田植をした。仕事ではあるが、若勢にとってはそれもなんとなくうれしいものだった。若勢のほかにも各農家から何人か出る。それは順番の農家の希望によって男手か女手か決められた。

「ネトリだが、タウエだが」その農家が苗取りの手が足らないというと男手、田植というと女手を出した。感じでは苗取りりの方が楽そうに思えるが、苗田植取りは運ぶということがあってきついのである。前にいったように苗代は家の近くに作った。そこから田植の田まではかなり離れている上に、水を含んだ苗はずっしりと重い。ケラミノを着けていてもしたたる水で全身がびしょ濡れになる。それにくらべると、腰を折って苗を植えるきつさはあっても、田植の方がまだ楽である。

そうした田植で楽しかったのは初嫁の姿と、飯のときである。初嫁は手甲も白手拭いも新しく紺絣の単衣にしめた赤帯が目にもあざやかだった。そうした初嫁の姿があると、その日の田植はなんとなくはなやかに見えた。

タバコは休憩時間をいい、十時のタバコには黄粉をつけた握飯、三時には焼いた干餅が出た。むろん昼食も夕食も出る。

そうした食事でもっとも楽しかったのはサナブリのときである。田植が無事にすんだ祝いで、集落の田植がみな終えたころを見計らって、田植の順番ににやった。農家によっては料理人を雇い、たいそうな料理を用意した。そこには結で出た全員が呼ばれる。若勢は行った家の数だけ呼ばれたから楽しいわけである。

そのサナブリには小豆汁と濁酒がかならず出た。それで腹一杯になるころには座もくだけ、田の評が出たりする。

「この家の土だば、やわぐて植えやすかったナ」

そういわれるとその家の若勢はうれしい。田をしっかり作ったのが認められたわけで、そうした評はそのまま若勢の評価にもなった。

肥料を作る

金肥などなかなか使えないころだったから、田に入れる肥料ほとんど人肥、いわゆる人糞尿だった。田作りはその人肥を田に撒き入れてからするから、田からあがるときは顔といわず手といわず、全身にその人肥の混じった泥土がこびりついていた。

人糞を運ぶ。秋田県横手市。昭和36年（1961）2月。撮影・佐藤久太郎

別に藁や草を家畜の馬や牛に踏ませたり、家畜の糞尿などを混ぜて作る堆肥があった。そのどちらもコエといった。このコエを作るのも若勢の仕事だった。

コエ作りはまず屎尿を集めてくることから始まる。予約しておいた町の数軒の家の屎尿を買ってくるのである。買いには若勢の時間で行くのではなく、約束した家の溜り具合が優先したから、そのころあいをうまく判断しなくてはならなかった。その時を失すると、ハガキで催促がきたりした。そんなときもたもたしていると、他家の若勢に取られてしまう。それは取られてしまった若勢の恥になったし、みっともないことであった。屎尿は肥料の原料として一滴たりとも無駄にできないものだったからである。

その屎尿はただの口約束ではなく、一年に糯米《もちごめ》五升という交換条件になっていた。しかしそれだけではなく、汲取りに行くたびに野菜を土産として持って行った。古くからの家だと少しぐらい遅れてても待っていてくれたが、新しく約束した家の中には、もう一人の方が糯米を多くくれるといったといって、他の若勢に鞍替してしまうこともあった。

そうした大事な屎尿を、中山氏は一度だけこぼしてしまったことがある。

汲取りに使う蓋のない桶をタゴとかゲスタゴとかいうのだが、雪ぞりの操作を誤って斜めに滑らせてしまい、一杯はいったタゴが二つ三つと転がってしまったのである。こぼれ出た屎尿は真白い雪をたちまち黄色に染め、大きな糞がゴロンゴロンと浮き上がった。早くすくわないと尿分は雪中にしみこんでしまう。中山氏は考えている間もなく、素手で屎尿をすくってタゴにもどした。あかぎれの手に染みこんだ屎尿の臭いは、一週間たってもとれなかった。

下の話では、こんなこともよく聞いた。昔は公衆便所などというものはなかったから、遠くから町へやってくる百姓は、藁苞を腰にさげてやってきて、その中に大便をしてまた持ち帰った。どこかに捨てればよさそうなものだが、たとえ一滴（魂）たりともという、そこにも百姓根性があった。持ち帰った藁苞は堆肥を積んだコエヅカの上にポンと放り投げる。

よく聞いた話とは、放り投げた方が魚のはいった藁苞だったり、納豆の苞だったというもので、もう一つを開けてみたら、というオチがつくのである。

雪のない季節には大八車を使った。のちにはリヤカーになった。

運んでくるとゲスダメ（溜壺）にあけて、一年ほどそのまま寝かせておいた。屎尿を腐らせるもので、そうするとよい下肥になる。それを田に入れるときは、ちょっと指を突っこんで舐めてみて、濃いか薄いかをみた。

堆肥作りは夏に始まる。刈ってきた青草（萩など）をまず馬小屋に入れ、馬に十分踏ませて

堅雪の朝の堆肥運び。秋田県横手市。昭和30年年代。撮影・佐藤久太郎

から馬糞と一緒に引き出して一ヵ所に集め、そこに藁を入れて屎尿をまきかける。いくどかそれを繰返して積み上げていくと、高さが五、六メートルのコエヅカができる。そこに家から出る果物の皮や野菜かすなども投げ入れる。コエヅカはゴミ捨場でもあった。

コエヒキというのは、そうして作った堆肥をコエヒキゾリで雪の積もった田の上に運び出す作業である。コエヒキゾリは普段の雪ぞりにベコユギという、牛の角に似たような曲木をとりつけ、そこに目荒なすだれのようなものを敷いたものである。

旧暦の正月過ぎというと、今の暦では二月中旬ころになる。それから想像できるように、雪国の寒さも一段落して、日差しも強くなり雪をとかしはじめる。しかし夜の寒さはまだまだだから日中とけた雪面は夜になって堅く凍る。それをカタユキといい、朝早いうちならその上をたいていのところに歩いて行くことができる。コエヒキゾリもどこへでも曳いていける。コエヒキはそうしたカタユキを利用して田の上に堆肥を運んだ。でも昼近くなるとそれはもうダメて、雪ぞりも足も雪の中に沈んでしまう。

コエヒキは遠い田から始める。まずその近くまで堆肥を馬《ば》そりで運び、それをコエヒキゾリに移して運ぶのである。一枚の田の上に五、六ヵ所小積みにする農家もあるが、中山氏の場合は雪穴を掘って一ヵ所にまとめ、藁帽子をかぶせておいた。堆肥に風をあてると乾燥し、せっかくの養分が逃げてしまうからである。ただそうして一ヵ所におくと、馬耕前の堆肥撒きは大変だった。そこまで幾度も足を運ばなければならなかったからである。若勢にとってこのコエヒキは重労働の一つだった。しかし町の人々にとっては春近いことを教えてくれる風物詩だった。そうして田の上においたコエは、雪どけ水と一緒に土中に染みこんで、うまい米を育てる土壌を作った。

馬と若勢

そうしたコエヒキにも春先の田起しにも、また夏草刈りにも馬はなくてはならないものであった。いうならば馬は若勢の手であり足であった。だから若勢は馬を大切にした。

春、馬耕が始まると若勢は馬と寝起きを共にし、夜は何度も起きて餌をやった。痩せさせないようにするためで、馬耕に使ったからといって、馬を痩せさせるのは若勢の恥だった。

同じようなことは冬を越したあとにもいわれた。青草のない冬に、雪ぞりを曳かせたといって馬の肌のつやを落とすのは、馬のあつかいを知らぬ若勢だといわれた。いくら使っても疲れさせず、痩せさせず、馬をいつも最良の状態にしておくのが、若勢のもう一つの力量だった。

そんなよく面倒を見ている若勢の馬は伯楽《ばくろう》が目をつけていて、親方に「売らないか」といったりした。しかしそうした話を持ってこられても、親方は二つ返事で答えることはなかった。できなかった。持主はたしかに親方だが、若勢の馬に対する心情を知っているから、若勢の了解を取らなければ売るわけにはいかなかった。

「アニッ、馬ッコ売ってもエガ」

それで若勢がうなずき、思ったより高く売れたりすると、若勢にも分け前があった。

「オレダのいうこと聞くのは、馬ッコだけだったナ」

中山氏はそういって、しばし話を中断した。

春先からの種まき、田起し、田植とつづいて、一番草、二番草の草取り、そして三番草のころには夏の盛りである。じりじりと頭上を射る太陽、田の中は草いきれがすさまじく、拭いても拭いても汗が流れて止まらない。そばの小川に飛びこむこともしばしばだったという。

そうしたころに夏草刈りが始まる。

一つの集落にたいてい十二、三人の若勢がいたが、夏草刈りだけは連れ立って草刈場を往復した。それぞれの若勢が自分の馬の手綱を持ち、隊伍を組んで入会地にはいる。そして午後の集合時間を三時と決めて各々の草刈場にはいった。その時間までに集合場所にもどってくるのだが、どのくらい早く帰ってきたか、ということで若勢の間で能力を判断しあった。

またそうした若勢が顔を合わせての仕事のとき、古い縄、正しくは前々年に作ったニセナワを使ったり、新しい縄でも切れたりすると、みんなに大笑いされた。それにもかかわらずニセナワを使う若勢がままいた。

刈った草は、その場において乾燥させるものと、すぐ持って帰るものがあった。乾燥させるのは飼料用、持って帰るのは堆肥用である。

話は変わるが、若いときにこうした若勢をやった親方は、若勢を使うのがうまかった。

「もうあがれや」

日暮れ近く、向かいの農家の若勢がまだ働いているとき、そういってくれる。ほんのちょっと早いだけなのだが、向かいの若勢より早く上がれたことがうれしくて、次の日もまた一生懸命に働こう、という気になった。

もっとも早くあがったからといって、それで一日の仕事が終わりになるわけではない。夕飯後も十二時近くまで、びっしり仕事がある。翌日の仕事の準備、縄ない、草鞋作りなどがある。だから娘たちと話をする時間などまったくなかったし、そうしたことは思いもよらぬことだった。村内には「アニ」と呼ばれる若い衆がいて、娘たちはそのアニのものだったから、若勢など近づくこともできなかった。

足踏脱穀機で脱穀。秋田県湯沢市。昭和 38 年（1963）10 月。
撮影・佐藤久太郎

冬の仕事

雪国の秋は短い。刈入れ、乾燥、収納と秋はそれこそネコの手も借りたいほどの忙しさである。もたもたしていると雪がくる。その雪がくるまでに、とにかく稲束を家の庭に積んでおかなければならない。その稲積をニオといった。一番上にはトバという藁で編んだ覆いを掛けた。稲積がすむと野菜の取入れ、次いで庭木や家まわりの樹木の冬囲いをする。そうした忙しさの中で、親方は自分の家の収穫を見て次の用意を始める。たとえば田一枚ごとのでき具合から、できのわるい田には客土をしたり溝を切ったりした。

旧暦十一月というと現在の暦では十二月中旬ころで、すでに雪がきていて体の芯まで凍てつきそうな日がつづくようになる。そのころの仕事はほとんど家の中の土間でした。それで寒さだけはどうにかしのげたが、忙しからからは逃げることができなかった。十二月二十五日までに稲扱きを全部すませなければならないし、それより前、十一日までに親方に納めなければならない藁細工をそろえなければならない。加えて次の若勢市に立つために、自分の蓑や草鞋、縄などを作らなければならない。前にもちょっと話したように、それらは自分の力量を示すもので、そのよしわるしが米俵数の増減になったから、精魂をこめて作らなければならない。一分一秒もおろそかにできない。だからこのころには午前二時起きということもまれではなかった。

早起きにはもう一つわけがあった。稲扱ぎの仕事量、いわゆるワッパカは足踏脱穀機で一日に一〇〇束だった。一束は稲株の根元近くを握って刈り、それをくくった稲株を一把として、それを十把まとめたものが一束である。それを一〇〇束扱くと籾俵で約四俵になる。籾俵は玄米俵より一割方大きい。この稲扱きを終わらせると、次に馬の運動をさせなければならない。若勢が早起きしたのは、実はこの馬の運動を早くするためだった。

ワッパカは、それをどれだけの時間でこなすかは若勢の仕事の能力で決まる。しかし冬は家の中での仕事だから、外にいる者にはわからない。そこで馬の運動を何時にしたか、ということで判断した。夏草刈りと同じように若勢の間での張合いである。そしてその結果は当然のように親方の耳にもはいり、評価になる。

ただその一生懸命に比例して、あかぎれの数も増えていった。

「一度かぞえたら、両手に四十八もあかぎれがあったナ」

そのあかぎれにはハックリの粉をすりこんだ。ハックリは山に自生する草の名で、その根があかぎれの薬になった。根を乾燥させ、それを鮫の皮ですって粉にしたものを水で練ってあかぎれにすりこみ、焼火箸で押さえる。すると二、三日で痛みがなくなった。ハックリがないときは飯粒を練ってすりこんだ。しかし若勢のあかぎれは、それで治るということはまずなかった。手仕事は果てしなかったからである。たとえば飼料桶に干草や切藁やフスマを入れ、そこに冷たい水を加えて素手でかき混ぜる。素手でしたのは、手垢が栄養分になるといわれたからである。

「あかぎれにすりこんだ、飯粒がそれだったかもしれないナ」

中山氏はそういって笑った。

また足袋を履くということもなかった。真冬でも家の中では素足、雪の外に出るときにも素足にサンペという藁長靴を履いた。苗代作り、田起しも素足でやった。屎尿の汲取りに町に行くときは素足にスワラジだった。ちなみに中山氏が初めて地下足袋を履いたのは昭和二十四年（一九四九）のことである。一足の地下足袋と米二斗の交換だった。戦後のどの製品もきわめてわるい時期で、その地下足袋は底がすぐパクッとあいてしまった。同じころ長靴の交換は米一俵だった。

あかぎれの原因は藁仕事にもある。藁仕事をするとただでさえ手が荒れる。しんしんと冷えこむ土間で、これまた冷たい藁を使っての仕事である。藁があかぎれの口に食いこんで、口をさらに大きくしてくれる。でも痛いからといって休んではいられない。「モチヤの十一日」いわれる十二月十一日までには、とにかく親方に納める分の藁細工だけは作りあげなければならない。

親方には次の藁細工を納めることになっていた。

カジカスベ（スリッパ形の藁沓）……………二十足
スワラジ……………………………………二十足
リキナ（馬と犂をつなぐ縄）………………二組
ステナ（手綱の長いもの）…………………二組
ケラミノ……………………………………一着
ニナ（真中を平にした荷縄）………………三本
イナアゲニナ（中ほどを太くした稲揚用の荷縄）…二本
セナカアテ…………………………………一着
ナワ（三十五尋の長さのもの十把で一束）…………五束

リキナは太く編むほど丈夫だといって喜ばれた。

納めた藁細工は十二月十一日に庭に並べ、親方は餅を供えた。するとそれを隣近所の人が見にきて褒めたり、けなしたりして行った。

土間でそうしたものを作るが、自分の部屋にもどってからは、今度は自分のものを作った。自分のものは親方との仕事外の時間に、という約束になっていた。その親方の仕事をきちんとやって、その上さらにこれだけのものを作った、というのが若勢市での評価の尺度になった。だから粗末なものは作れない。たとえ粗末でなくても、藁だけで作ったものは評価が低かったので、たいていの若勢がミゴ（実子）で作った。

ミゴは稲藁の茎の中にあるきわめて細い芯でワラシベともいう。ミゴの藁細工では、まずそのミゴを藁の茎から一本ずつ抜き取ることから始める。ミノ一着を作るには相当の量のミゴを必要としたから、ミゴの抜取り作業だけでも大変だった。またそうして根気よくミゴを抜いても、それですぐミノが編めるわけでもなかった。

若勢は他の若勢に負けないように、つぎのようにしてミゴミノなどを編んだ。

まず抜き取ったミゴを米のとぎ汁などにひたし、何もかも凍てつくような窓の外に吊るす。すぐに凍てつくが、それを槌で叩いてほぐし、次の夜、また同じようにして窓下に吊るして凍らせ槌で叩いてほぐす。それをいくどか繰返すと細いミゴはさらに細く糸のようになる。それで蓑を編むのである。

それはミゴを抜くよりその数倍も根気のいる仕事だった。寒気の強いことをシミルというが、そのシミル夜、チロチロと燃える囲炉裏の脇てただ一人、あかぎれに食いこむ糸のようなミゴを丹念につないで、一ヵ所一ヵ所きちんと編んでいかなければならない。その糸のようなミゴでは、名前や屋号も編み入れることができた。

「いま思うと、よくやったもんだナ、と思うスナ」

そうした親方への納品も稲扱きも、そして自分のものもできると、十二月二十五日にはひとまず実家に帰れた。

「アニ、どぢっと持ってきたナ」

親方から受取った契約の米俵を雪ぞりに積んで帰ると、隣近所の人が見ていてそういった。いわれるとやはりうれしかった。


中山氏は二十二歳まで若勢をやった。若勢市に立ったのは最初の年だけである。戦後の男手の不足は若勢の売り手市場となり、市に立つ前に親方が若勢のいる家に直接やってきて、丁重に頼んで契約していった。そうした若勢も中山氏がやめる昭和二十六年(一九五一)ごろには農地改革が進み、加えて民主主義の思想がひろまり、若勢も次第にに消えていくような風潮にあったと思う、と中山氏はいう。

須藤功は昭和三十年代の中ごろまで若勢がいたという話を、農家の人に聞いている。

若勢と兵隊

明治二十九年(一八九六)平鹿郡浅舞町に生まれた斉藤千代志氏は、数え十四歳の年にヤロッコに出た。ヤロッコというのは、年齢でも仕事でも一人前にはみなされない若勢のことである。一般には十四歳から十六歳まで、まれに十七歳になってもヤロッコのままでいる者もいた。一人前でないから先輩の若勢の手伝いが多く、馬を使うこともなかったが、その代わり契約もなく、飯を腹一杯食わせてもらうだけだった。

斉藤千代志氏には昭和五十四年（一九七九）二月に話をしてもらった。

斉藤氏は左馬というところの農家で十五歳までヤロッコをやると、十六歳に一人前になって、清吉というところの農家に一年間、三斗入四俵で若勢にはいった。十七歳の年にも同じ条件で同じ農家に行った。十八歳の年には四斗入八俵で西小路へ。十九歳の年には四斗入十俵で柄内へ、二十歳の年にも同じ四斗入十俵で越前へ、二十一歳の年には四斗入十俵と金五円で西小路の農家へ行った。その二十一歳の十二月には兵役招集となり、二年半、北海道の旭川連隊で過ごした。除隊後はもう若勢には出なかった。

兵隊はハタカレル（殴られる）と痛かったが、訓練は若勢の仕事よりずっと楽だった。除隊のときに七十円もらったが、その金額だけだと若勢の手間代よりわるかった。というのは斉藤氏が入隊した大正五年（一九一六）には、四斗入一俵の値段が三円八十銭だったからである。単純に計算すると契約米十俵に金五円の斉藤氏の総額は四十三円、それを兵役期間の二年半にかけると一〇七円五十銭になる。兵隊と若勢の差額は三十七円五十銭、米で約十俵分で、斉藤氏はほぼ一年間、ただ働きさせられたことになる。もっとも斉藤氏は従軍徽章をもらって四〇〇円を手にした。だから若勢に出たよりよかったことになる。その徽章をもらったのは、出身の集落内では斉藤氏だけだった。

斉藤氏はヤロッコの期間を含めて七年間も若勢をしたが、若勢市には一度も立ったなかった。口利きする人があったり、他の若勢に誘われたり、また若勢を探しているという話を耳にして直接たずねて雇ってもらったりした。

中山氏と斉藤氏の話は、須藤功が日本観光文化研究所の『研究紀要1』に執筆したものである。同研究所の初代所長は民俗学者の宮本常一で、須藤功は昭和四十二年(一九六七)から同年五十六年(一九八一)まで所員として宮本常一の教えを受けた。

喜んでくれた親

平鹿郡山内村の若者は、横手町や増田町の若勢市の主役だったといってもよい。その山内村の三人の若勢体験者の記録を記す。最初の同村小松川出身の高橋幸一郎氏の話は『山内歴史・文化便覧』に掲載のもので、要約して記す。

「随分なんぎかけたナ。これに懲りねで、また来年もオレの家さきてけれや。なぁ兄衆」

と、その家の親方からいわれた言葉は、五十余年過ぎた今でも忘れられない。親方や家族みんなから温かい心で接してもらい、親切なあつかいを受けたことを今でも感謝している。私が十九歳（昭和十年）で、百姓若勢として働きに出たときのことである。

昭和十年代の半ばごろまで、山内村では「若勢売り」といっていた横手町の若勢市がつづいていた。当時、平坦部の大百姓の農家では秋に人手が足らない。ところが山内村のどの家もせいぜい三、四反歩程度だったから、刈入れは早く終わった。だが一年間の自家の飯米さえ確保できなかった。だから若勢を雇う農家の親方と山村の若者が結びついた。そのころは職業紹介の機関などなかったから、雇用者と求職者が直に出会って交渉した。それが若勢市、若勢売りである。

場所は今の横手市四日町の上丁あたりだ。タチマチといった朝市の通りで、道路の両側に野菜や鮮魚、呉服、雑貨、茶屋などが並んで繁盛していた。彼岸中日の九月二十三日、そのタチマチの一画にミノケラを着けた若者が三人、五人とやってくる。そこに親方がやってきて、

「やァ、兄衆」

と声をかけられ、茶屋に連れていかれて話が始まる。

「オレのエ（家）だば田根森村で四町歩耕作している。無理には使わねがら、オレのエさきてくれないか、米なんぼ欲しい」

「米だばオレの働きを見てから決めてけれ」

といってその農家に行く約束をすると、親方は酒肴でもてなしてくれた。

その年、高橋氏は十月一日から十二月二十五日まで若勢をやった。行くとき、稼ぎ着物をびっしり詰めた柳行李つづらを背負って汽車で横手駅まで行き、迎えにきてくれた親方と二里も歩いて親方の農家へ着いた。翌朝から五時に起きて稲刈りを始め、暗くなるまで二〇〇束は刈った。帰ると「よく刈った」と褒められて、晩酌をいただき、白いご飯を腹一杯食べた。うれしくて毎晩が楽しみになった。

稲刈りが終わると、杭にかけて乾燥させた稲運びで、杭二本分の十束を背負って走った。冬仕事の稲扱きが本格的に始まると、午前三時に起きて、足踏脱穀機で二〇〇束を脱穀した。一日の仕事量は玄米六十キロ入り五俵を出荷できるように仕上げることで、早く終えても遅れても自分の働き次第で、高橋氏はだいたい午後三時には終えた。

そうこうしているうちに仕事も片付き、正月も近い十二月二十五日、別れの日となる。その前の晩は山海の珍味でご馳走してくれた。親方から「よく頑張ってくれた」といって手間賃の白米五俵をもらい、さらに「これは家内からだ」とメリヤスのシャツ一枚をもらった。ありがたくて涙ぐみ、がんばった甲斐があったと思った。

親方の馬そりに白米五俵と夜なべで作った草鞋二十足、それに荷縄三本を積んで横手町の本郷まで送ってもらい、そこから自宅まで小ぞりで二日かけて運んだ。小ぞりの米俵などを見て親は涙を流して喜んでくれた。昭和十一年（一九三六）ごろの米価は白米六十キログラム入り一俵十一円、一升二十八銭だった。高橋氏は五俵もらったので手間賃が一日あたり五十銭、ご飯も食べてだからよい待遇だった。当時の普通の日雇いは一日が八十銭で米三升分しかもらえなかった。

酒屋若勢

平鹿郡山内村三又の高階春吉氏と同村南郷の高橋助一氏は、初めは農家に若勢としてはいり、のちに酒屋若勢として働いた。酒造所の下働きで、山内村の若者たちのもう一つの働き口だった。『山内村史　上巻』掲載の高階春吉氏と高橋助一氏の若勢として働いた話を転載する。

おらあ、大正六年（一九一七）から七年にかげで十七歳のどぎ、若勢売りに行った。秋の彼岸の中日に山越えで、岩井川さ降りで、それがら三里（一二キロメートル）歩いて増田町まで行ぎ、四谷の角で親方たちの来るのを待ったものだ。

その日に必ず話を決めで、若勢に行ぐつもりで、寝巻ぎも身のまわりの物も背負って行ったものだ。わらじ、はばき、けら、紺のもしぎ（ももひき）、腹まぎ、刺し肌子着てな、初若勢だども、醍醐の野中の泉という家さ行ったけ。大百姓だった。詰め（旧十二月二十五日）まで三斗入れ三俵半もらったけ。おら家で三年分も食うだけ、米あ、あるなだども、一人前の男になる気で、わがら行ったなだ。仕事わあ稲刈るながら始まって、もみ押し、とうみ、ひるし、万石とやって、玄米にして四斗詰め、一升十銭だったがら、一俵四円だった。次の年にあ里見の中村さ行ったけ。一日に稲四十五束、千こぎでこえで米にすれば「わっぱか」だったもんだ。

昼から休みだくて、がんばって昼前にでがしたもんだっけ。兵隊検査近ぐなれば力もつくもんで、十九のどきだった。大曲の銘酒丸子川だったなあ。やっぱり彼岸から造り終わりの二月、三月あたりまでだった。一日五十銭の手間だっけ。大正八年（一九一九）の杜氏講習のどぎ、頼まれで行ったなだ。このあたりだば初若勢は三十五銭、高い人は七十銭で、三役（杜氏、こうじ、もど師）になれば、それ以上もらったけがなあ。（高階春吉）

おらあ、十五のとき若勢売りに行った。なあに、他人の飯を食って苦労さねあば、一人前にならねあ気で昭和二年（一九二七）の彼岸の中日に、横手の四日町の下突き貫きの道さ、けらこ着てねまてだ。常時袋さ身のまわり品入れでよ、山内がら四十人も五十人も若勢売りに行ったもんだ。「山内の兄、おら家さ来てナンギして見ねあが」といわれで「ん、行ぐ」と返事して、中吉田の西小路というところさ、旧十二月二十五日までえだけ、手間の話などしながった。そのころ親方に見込まれ、自分も気に入れば一年通している若者もいで、婿になったり分家に出してもらう者もいだけ。手間は米で、初若勢で三斗俵で三俵ぐらいで、現金にしたい者は、親方の家の取引米屋に売ってきたものだ。三年の若勢経験で三十日わかぜ四俵の玄米だった。

吉田家の稲あげあ難儀したっけ。稲ぐい一本さ稲四束から五束掛げでいで、八束を一度に背負うなだども、田のくろで荷負うに手間がかり、なかなか他の人並みに行がねえで、やっと要領がわがったころ、稲あげあ終わりだった。それがら「にお) 積みも楽でながったな。三十日若勢でも詰めまででも契約の期限まで勤めるのは良いほうで、三分の一は途中で帰ったようだ。

仕事は難儀だばかりでねぐ、精神的苦労でおられない風であって、期限切れの詰めの二十五日に横手で顔が合うど、「おめも我慢通したが」といい合ったものだ。在郷若勢四年で十九歳のとき酒屋若勢に行った。

当時は、杜氏や代官の出ている村がら多く酒屋へ行ったもんだ。おらあ、杜氏の手引きで花輪さ行った。県南より県北の手間あ高くて六十五銭、県南は四十銭だった。由利も高くて六十五銭だった。その後、静岡の東洋醸造へ行った。一日一円だったと思う。

そのころの酒屋は、まだ機械化されていなくて、初若勢にとって米とぎへ四斗俵かつぎ、蒸す米の「ためしかつぎ」は力の要る仕事だった。当時、山内村杜氏養成組合（のちの杜氏講習所）の活動と県の花岡正庸技師の指導によって山内の酒屋若勢は、その名を高めたのだと思う。（高橋助一）

茅葺屋根の農家が多かったころの山内。昭和43年（1968）7月。
撮影・須藤　功

高橋助一氏が終りに書いている花岡正庸技師は、明治十六年（一八八三）に長野県下高井郡科野村（現中野市）に生まれた。酒造りの家だったが火事を出して家も蔵も失い、酒造りの指導者となる。大正時代から秋田県各地で指導にあたった。吟醸酒の生みの親ともいわれる。

日本酒は「蔵人」によって醸造される。「杜氏」はその蔵人の最高位の役職で、その下に製造責任者の役人とか三役とか呼ばれる「頭」「麹師」「酛師」がいる。さらに精米・洗米・蒸米・槽頭・分析・検査・瓶詰の係があって、それぞれに下働きの蔵人が数人ずついる。山内村の多くの若者が酒造所で働いた「酒屋若勢」はこの下働きの蔵人である。

一人前の杜氏になるには十数年かかり、

その間はつらい仕事や生活を強いられても耐えなければならない。山内村の酒屋若勢には、その辛苦を克服して杜氏になった者が何人かいて、やがて「山内杜氏」の名を得て、「山内村」というと「杜氏」を重ねる人も多くなった。

杜氏は村内の若者たちを下働きに連れて行くことができた。高橋助一氏も杜氏の手引きで花輪（現鹿角市）の酒造所へ行っている。静岡もそうだろう。十九のとき大曲（現大仙市）に行っている高階春吉氏もやはり杜氏に連れられたと思われる。

山内村の酒屋若勢はいつからだろうか。大正十一年（一九二二）に「山内村杜氏養成組合」が設立されているので、酒屋若勢はその前から多くなっていて、村組織にしたのだろう。昭和十四年（一九三九）の山内村の酒造業への就業者は合計三五〇人におよび（30頁）とある。昭和三十年代になると「酒屋若勢」とはいわなくなったようだが、昭和四十一年（一九六六）には、秋田県内の酒造業に四四九人、県外に四十四人が就業している（『山内村史　上巻』）。

同年の山内村杜氏養成組合加入者の杜氏は五十二人、一般（以前の酒屋若勢）五四四人で、この昭和四十一年までは酒造業へ行く人は増えつづけた。だが以降は次第に少なくなる。就業先が東京方面になったり、設備の近代化によって酒造りに以前のような人員を必要としなくなったこと、また地元の人を採用するようになったことなどがあった。といって「山内杜氏」が消えたわけではなく、今も山内杜氏は活躍している。

江戸時代の働きと休日

土田家の若勢

『秋田県史資料編第三巻近世下』に、若勢の記載のある古文書がいくつか掲載されている。つぎは平鹿郡下仙道村（現雄勝郡羽後町）の肝煎だった土田家のものである。

『農家勤務嘉例記』土田盛光年次不詳

『若勢懈怠田地手間取覺帳』安政四年（一八五七）

『若勢手間諸職人日記休置印帳』文久二年（一八六二）

『農家勤務嘉例記』は土田家の日々の行事とその準備を記録したもので、次に若勢の記載のある月日を抜書きし、●に注解を記す。

正月十一日

一、菌《コヤシ》脊始極早朝、貝吹初メ致、若脊馬道具式轄仕末致

一、蔵祝と申ハ土蔵之内へ若脊共濁酒持参数の子外ニすゝ肴へ節酒の醪《モロミ》を懸ケ三枚鏡餅江螺

辛昆布松葉添蔵礼有り

●鏡開の十一日は仕事始めで早朝にコヤシ（堆肥）を返し、若勢は馬具を整え、酒肴、鏡餅、松をそえて蔵開きをする。

正月十五日

一、早朝小正月之年越仕末肝要、若脊共薪寄・雪卸・門拵・ト・田植覚び、種蒔之壽松を立家ニ入り潔齋沐浴すへし

●田植覚ひ、種蒔之壽とは、雪上で行なう庭田植だろうか。

七月十日

一、観音様参詣之事若脊共銘々馬引御参可為致事

十月朔日

一、明年若脊之用意第一也並ニ

十二月廿七日

一、昼迄ニ煤払仕舞、火をたき付餅仕懸可申、若脊出入同日昼也、節酒之口を開き家内中新古若脊呑べし、かやき吸ものニ而立、若脊に祝儀有へし

●土田家ではこの日に若勢の入替えをしたらしい。かやき(帆立貝の殻を鍋とした料理)と吸物、酒でもてなし、祝儀を出している。

十二月廿九日

一、同日年越なれハ彌々吊敷油断有へからず、若脊ハ薪寄・雪払・菌出し・門拵、内に居者莚之敷替拝ミ松結付事

●江戸時代は太陰太陽暦（旧暦）なので十二月廿九日が大晦日、年越となる年もあった。若勢は薪を用意し、雪掻きと堆肥返しをして門前をきれいにする。

十二月三十日年越

一、年暮之礼楢崎村無残一礼有べし

膳部

皿　鰰すし　汁　焼豆腐　大こん

片皿納豆　新鹽引

平皿　こんなます　めし白つき

保多のすゝ

ふりこ

外に膳の内へねき弐本添る也

若脊共天鉢と申盛上強る事、膳後酒有七五三、其上戸下戸に寄り大椀ニ而酌呑す事定例

●若勢に大盛飯を強いたり、大椀の酒を飲ませたりするのが定例とある。

一、若脊共廿七日前並縄ニ而三束大ト縄五羽定式、古来之通上縄為致済可申事

●若勢はいわれた藁細工を決められた日までに納めなければならない。その品は農家に

より異なる。土田家では並縄三束と太縄を五羽を二十七日までに納める決まりだったようである。またこの嘉例記には「年中休定日之事」と「若脊掟」が記されている。

年中休定日之事

正月一日二日三日四日五日六日七日此日迄大正月と申也
十六日十七日十八日十九日二十日小正月と申
二月朔日二日九日十五日
三月三日上巳の節句と申
四月八日釋迦誕生之日
五月五日端午之節句と申
六月朔日歯堅メ十一日虫祭十五日
七月七日十四日十五日十六日十七日十八日十九日二十日
八月朔日二日十五日
九月九日
右三十四日
一、荷縄外す　五日
一、八皿　三日

一、大さなふり　　　　　三日
一、小さなふり　　　　　二日
一、春秋彼岸兩中日　二日
合十五日
一、八皿と申は四皿取弐度宛酒を盛備ひ酒肴取揃若脊共へ振る舞ふ、吸もの壱通、干餅之肴致也ニタ
一、荷縄はつしと申ハ若脊共家々へ洗濯参也、立際之也酒を爲呑立る也、吸もの酒肴取揃、秋酒共にするへし（以下略）

●土田家の一年の休日は四十九日。これは家族も若勢も一緒なのだろう。「八皿」は四皿で二度の振舞いをすることのようだが、はたしていつするのだろうか。「荷縄外す」は若勢が家に洗濯に行くことだという。雇われた農家と実家が近ければ洗濯に帰ることもできないわけではないが、はたして日数がこれて十分だったのだろうか。

若脊掟
一、若脊相互に諸事に気を配、節を相守、当前之壱人り仕事不怠時を事
一、馬道具致吟味、節々不怠可拵直事
一、□道具冬之内弐通り備ひ差置可申事ニ茂

一、夜遊戻り四時前可限中間之内壱人は番替　内に居り可申事
一、家之内は不及申屋敷くわへきせる不相成、并 稼ながら堅無用事
一、銘々自分之はき物備置、一寸と成共人之物履間敷、并ニ出入り置場可相定事
一、揚縄三束五羽極月十五日迄取仕舞、急度上濟可申事
一、沓・かんしき・下駄・足駄用意事
一、諸事遣道具置場定へし
一、農事前馬沓馬遣壱人ニ付取揃可差置事、定馬沓百五拾束草履廿束わらし三十束冬は沓廿束造り置年中不切様差置へし、遣残又売払共若脊勝手次第立者は可爲持参事
一、遣道具山刀・鎌・杣苅・千羽こき・とひ之類ニ至迄古敷相成取替候ハ、下タ道具早束揚可申事
一、馬の手綱・おも綱・馬屋思綱共弐通宛何も懸替分手配可差置事
右之通堅可相守者成

●土田家の「若脊掟」は掟といっても仕事上の約束事である。

身仕度の覚

文政十一年（一八二八）十一月の「被仰渡並ニ一澤定書寫」は、北秋田郡七日市村（現北秋田市）の記録で、役人（肝煎、庄屋ら）、長百姓、御百姓頭、若勢、婦人の着衣、身仕度の覚

を記している。それには役人は冬は木綿、夏は真麻の着衣、ただし半襟、袖口とも絹を使ってはならないとある。婦人の冬の着衣は木綿青梅嶋にかぎり、半襟、袖口、それに裾まわりに絹の使用を禁じている。ただ下着の半襟、袖口、それに裾まわりには苦からず、また八十歳以上の者は下着の絹は勝手とある。若勢の身仕度をつぎに記す。

若勢

一、笠　並平笠ニ可限、緒ハ木綿不相成、模様付不相成、深かさ并ニ八寸笠一円不相成候
一、被り物　風呂敷ハ浅黄模様なしニ可限、但気儘ほうしかんとうほうし不相成候
一、手拭　浅黄白ニ可限事
一、腹当テ　三角腹當千草浅黄模様なしニ可限、尤差物千鳥掛等不相成候
一、むな当テ　布模様なしニ可限、千鳥掛模様差物不相成候、尤尺長共ニ
一、帯　常ハ布ニ可限、盆正参講等之節ハ浅黄しろ模様ない木綿目長ニ可致候、尤小倉並ニくけ帯等ハ堅く不相成候
一、手おい　冬は木綿夏ハ布花色浅黄ニ可限、尤千鳥掛差もの不相成候
一、半手おい　堅無用
一、前たり　右同断
一、衣類　常着者布袷指物ニ可限候、盆正参講等之節ハ上着半手共ニ花色木綿目長ニ可

致候、嶋かすり等ハ堅不相成候
一、股引　常ハ布ニ可限盆正諸方往來之節参講等之節ハ浅黄木綿目長ニ可致事
一、脚絆　堅く無用
一、甲掛　右同断
一、盆ゆかた　兩面不相成候
一、莨入　かはとふらんニ可限、紙皮等之さけたはこ入堅不相成候、但きせるさし浅黄ニ可限り千鳥掛不相成候、農業之節ハ麻糸細工等相用可申候
一、たすき浅黄花色ニ可相限、千鳥掛浅黄白糸不相成候、ふさ付等不相成候

若勢の身仕度について、履物を除くかなり細かな指示がなされている。古文書の表紙に「寫」とあるので、これは前からあった覚えを写したものなのだろう。若勢がこの覚えをしっかり守っていたかというと、若者だけに気ままもあったようで、取締りの覚えも見られる。同じ七日市村の享和三年（一八〇三）の「一澤定覺書」につぎのような一項がある。

若勢共浴衣着致候義前度〻停止申付候得共今以儘相見得候、此末見當り候ハヽ前書の通り吟味可致候

●着るなと申し渡してある浴衣を着ている若勢がいる。見つけたら調べあげる。

また文政十一年（一八二八）九月、すなわち前記の「被仰渡并ニ一澤定書寫」の二ヵ月前に書かれた「萬日記ノウチ」という古文書に、「近年、風儀が乱れ、農事をおろそかにするだけではなく、他所へ行ってしまったりする若勢もいる」とあり、そうしたことから改めて身仕度の写しをとったのでは、ということが推測される。

若勢の休日

農家に雇われた若勢の仕事は確かにきついものだったが、休む間もなく働かされた、というわけでもなかった。終戦後に若勢となった中山氏は、朝から一日休めたのは正月三ヵ日だけだったと語っている。節供でも盆でも、午前中に馬の餌の用意をして、それからようやく休むことができたという。「半ドン」だったということだが、それでもとにかく休日はきちんとあった。たとえば土田家の先に記した『農家勤務嘉例記』の「年中休定之事」には、一年に四十九日の休日があって、平均すると月に四日の休みがあった。

ただこの「年中休定之事」には十月以降の記載がない。それが『若勢懈怠田地手間取覺帳』には、安政四年（一八五七）の元旦から大晦日までの若勢の「休」と仕事の内容、それにその日の天候が一日も欠かさず書かれている。つぎに正月と七月を抜いて記してみる。

正月定禮日

元日　休　小風
二日　同　馬出シのさ打　快晴
三日　同　同
四日　同　同
五日　同　同
六日　同　同
七日　同　大風
八日　壹俵拵ひ　同
九日　雪卸　小風雪降
十日　雪堀吞迎　雪ふり晴日
十一日　門吞迎　快晴
十二日　吞迎町行　雪ニ而晴日
十三日　米拵　風
十四日　雪卸　快晴
十五日　小正月朝仕舞　晴天

十六日　休　少雪
十七日　同　同
十八日　同　同
十九日　休　風
二十日　同　快晴
廿一日　同　晴日
廿二日　米拵　暖日
廿三日　同　大風
廿四日　同　小吹
廿五日　同　快日
廿六日　休　晴快
廿七日　米拵　同
廿八日　同　同
廿九日　同　大雨ふり

七月

一日	丑 休餅搗上下	快晴
	ア 五十人	
二日	田の草	日風気
	畑の草	夕之大雨
三日	同	快日風
四日	□病死葬式始末	快晴
五日	同茵出し	雨ふり
六日	葬式	晴天
七日	休ひ抜	大雨
八日	籾引	同
九日	苗代拵	快晴
十日	大豆草取	快晴
十一日	糸引	同
十二日	大豆草取	同
十三日	こへたし	同
十四日	盆休	同
十五日	同	同
十六日	同	同
十七日	同	快晴
十八日	同	曇時雨
十九日	同	日時雨
二十日	同	同
廿一日	畔かり	大雨
廿二日	同	日雨時雨
廿三日	同	日虹雲大風吹
廿四日		晴天
廿五日		雨々
廿六日	休ミ	快晴冷日
廿七日	畔かりくるみ落	朝雷雨風日和
廿八日	同	快晴
廿九日	同	同

正月に十四日、七月に十日の「休」がある。しかしこの土田家にも馬がいたから、中山氏と同じようにやはり「半ドン」が多かったと思われる。

この正月と七月には見られないが、ほかの月日には個人で休んだ若勢の名も記してある。それとは別に「若勢懈怠」の分類で若勢が休んだ日をまとめて記している。最も多いのは藤松という名の若勢で「〆七十二日也」とある。どうしてこれだけ休んだのか、その理由はわからないが、親方にすると、それだけ休まれると「懈怠」、すなわち「なまけた」といいたくなるのは自然のことかもしれない。

そうした個人の休みの日を除いて、みんなそろって休んだ日を数えると、二月は五日、三月は三日、四月は四日、五月は二日、閏五月は四日、六月は四日、八月は三日、九月と十月は四日、十一月は六日、十二月は三日あって、正月と七月を含めて合計すると全部で六十二日休んでいる。

これはあくまで土田家の休日で、ほかの農家で働く若勢にあてはまるわけではないが、村内の約束によった。どの村にも共通した休日があったはずである。かつて村に大勢の若者がいたころ、村の自治の一部を若者に委ねているところが少なくなかった。若者たちは村の長老と話合いながら、村の生活を守り、みんなが豊かになるように働いた。それには藤田秀司の「特権」（14頁）にもあるように、休日を決める役目もあって、その日は若勢も休んだからである。

新時代の変動

明治維新によって新時代を迎えるが、田畑を耕して作物を育てるという農業の基本は変わらない。しかし基本のまわりは大きく変わる。たとえば江戸時代の年貢は米だったが、明治六年（一八七三）から始まる地租改正によって、持っている農地の広さに租税されて金納となる。新国家には金のはいる改正だったが、農家には江戸時代の年貢とほとんど変わらない苦労がつづくことになる。

秋田県内には豪農と呼ばれた大地主が各地にいた。『秋田縣史縣治部二』にある。

今ヲ溯リテ五十年以前ノ実況ニ徴スルニ何レノ村ニアリテモ十町歩前後ノ耕作ヲナスモノハ決シテ珍ラシカラサリシナリ

「五十年以前」とは、同書は大正五年（一九一六）の刊行だから幕末から明治初年にかけてのころになる。この大地主は抱えた雇用労働者と家族で手作り農業をした。手作りで手のまわらない一部（それがかなりの場合もある）を小作に出した。抱えた雇用労働者とは若勢のことで、若勢は郡内の者を雇うのが普通だったが、鹿角郡では郡内を越えて北秋田郡や隣接する青森県の若者を雇い入れた。若者が鉱山に取られて郡内では不足したからである。二町歩ほどの地主も若勢を抱えた。明治初期まで雇いは容易だったが、南秋田郡や山本郡あたりでは次第に若勢

地租改正地面測量取之図。『ふるさと秋田の学び』より

のなり手が少なくなった。『秋田縣農事調査』につぎのようにある。

南秋田郡ハ今ヲ距ル三十年前ヨリ北海道ノ水産業ノ盛大ナルニ随ヒ出稼ヲナスモノト、近頃山本郡八森及南秋田郡男鹿地方ニ於テ鯡漁業ノ期ニ至レハ出稼ヲナスモノ年々増加シ、農事ニ雇役セラルルモノ其数極メテ僅少ナリ

●北海道のニシン漁と八森から男鹿半島にかけてのハタハタ漁に行く者が多くなって、農業をする者がわずかになったというのである。

幕末から明治初期にかけて、若勢そのものではないが、よく似た「農事見習」というのができる。中等以上の農家の十六、七歳になった男子を土地の豪農にあずけて農業教育をしてもらうもので、二十四、五歳になって農業技術と人物に磨きがかかったころ自家に引きもどして家の農業につかせる。石川理紀之助も、十四歳の安政五年（一八五八）

嫁と姑でえぶり押し。秋田県本庄市（現由利本庄市）。昭和 31 年（1956）6 月。撮影・早川孝太郎

に南秋田郡金足村（現秋田市）の豪農、奈良喜兵衛家にはいっている。

手作地主の成果について、「秋田縣農會報三〇号」から一例をあげてみる。

田地十五町歩を持つ河辺郡川添村（現秋田市）の農家の、手作りの面積はわからないが、明治二十三年（一八九〇）の年間収入は八六五円七二銭、うち四七五円二十銭（五十五％）が小作料収入、手作りの収入は屑米も合わせて五七石、二七八円四十銭（三十二％）である。この村の中程度の田の一反歩の収穫は一石八斗（約三俵強）だから、これから計算すると手作りの面積は三町から四町になる。残りの十一、二町は小作だったのだろうか。手作りは家族、日雇、年雇によるが、その支出は、〔家族給料＝十一円五二銭日雇給料＝十六円四四銭年雇給料＝六十三円三六銭〕と

初めて田植をする娘を中に野良着姿。秋田県川添村（現秋田市）。
昭和 31 年（1956）6 月。撮影・早川孝太郎

あり、若勢であろう年雇を中心に手作りをしていたようである。

秋田では早乙女をショトメといい、十二歳になると母親たちと一緒に田にはいり、田植が上手な早乙女をいうテンジョトメになるように教えられた。

母親は初めて田にはいる娘のために、野良着を新しく作った。川添村（現秋田市）では紺無地の上衣をミジカといい、袖に刺子をするのは自由だったが、襟は絣にするのが習わしだった。ミジカに腕までのテウェ（手甲）をするが、母親はこのテウェやミジカの袖にちょっとした縫い飾りをつけてやって、娘を喜ばせた。

景気と若勢市と農村

横手町の朝市

若勢市があった横手町の朝市は、中心街の大町と四日町で一日おきに元旦のほかは毎日開かれた。それが昭和十六年（一九四一）四月一日の生活必需物資統制令で中断し、戦争が終った昭和二十一年（一九四六）に復活する。昭和二十五年（一九五〇）からは自動車の通行のため四日町だけで開かれるようになる。柿崎吉一が『經濟史研究』に書いている「秋田横手町の常設市場」は昭和十年代初期の様子である。その一部を要約して記す。

常設市場の開設時間は早朝から正午近くまでだが、春から初夏の候には午後三時ころまで開かれる。商なう農産物は横手町の周囲およそ三、四里の村から、作った家の者が持ってきて並べる。蕪青・大根などは朝倉や金沢方面から、牛蒡・人参・里芋類は主に山内方面からなどからやってくるが、これらの野菜がなくなる冬季には売りにくる人はわずか三、四十人になってしまう。これが夏季の最盛期には五、六〇〇人も集まったりする。この夏季の一日の取引高は五、六〇〇〇円にもなると推定される。買いにくるのは横手町の人はもとより、増田・十文字・六郷・角間川方面からで、こうした人を目あてに鮮魚・呉服・小間物・金物などの店も出るし、掛茶屋もある。

この市場を経営するのは横手町ではなく、朝市の開かれる大町と四日町の上・中・下の字、それに鍛冶町、栄通町の二つを加えた八ヵ字である。共同経営で各字から二名の委員を出し、そのうちから取締責任者を決めてその者が業務にあたる。別に二人の市場見廻取扱者がいて、市場の取締りにあたった。一番の仕事は町銭の徴収である。

市場で商をするには、掛小屋と使用地の面積、品物の種類や数量で一日に二銭、三銭、あるいは五銭の町銭を取る。いわば開市税で、市場見廻取扱者は絶えず市場を巡回して町銭を納めてもらう。

稲村文夫が『農業經濟研究』に執筆した「農業勞働市場の一型態―秋田縣横手の若勢市―」には、若勢市はこの町銭を徴収しないとある。

平鹿郡農會の回答に依れば

「若勢市入市ニ際シ若勢雇主共入市札及札利金等ナク随意ニ入市ス」

若勢市は山間地帯から出る若勢と平野地帯の雇主との間の個々契約を、公に一ヶ所へ集めた、というよりむしろ自然に集り成立するもので、何ら榮利目的の市場ではない。それ故若勢市の取締人も世話人もない。また若勢市に関する規約もない。いわば一つの慣習として、去年も今年も來年もと全く自治的に維持される。なぜなら若勢市がないと色々の弊害を生ずる。

例へば、雇主が直接に他村の若勢の家へ訪ねて雇傭契約をなし、御馳走され二、三日泊まって帰る。約束の日に若勢が雇主を訪ねると幽霊雇主で詐欺であつた、という話や、若勢の方でも二重三重契約をして手付金を詐欺した例もあつた。それよりも一ヶ所に集り、公衆の面前で直接當事者が契約すれば、双方とも比較選択することが出來、しかも安心である。これが昔から若勢市の成立をうながし、現在まで不文律化されてゐる最大原因である。従つて若勢市に於ては一切の法律手続を要せず随意に契約を結び、しかも何の違反行為もない。若勢市の當日は上辻貫の道路は若勢と雇主で一杯になり一時は交通杜絶するが、警察では良き風習と認め、何ら干渉も取締りもせず自由に放任してゐる。

若勢市の取材記

稲村文夫は若勢市だけではなく、各地の人市ついても調査している。若勢市についての実地調査は、鈴木倉次が稲村文夫の少し前に行ない、齋藤報恩會時報一〇九号に「労働市場の一形態たる若勢市に就いて」としてまとめている。どちらも学者による昭和十年代初めの調査と論考である。昭和二年（一九二七）に初版を出し、以後、加筆増版を重ねた小野武夫の『農村社會史論講』にも若勢市や人市の論考がある。

江戸時代の若勢についての記録は、多くが雇った農家の親方が書留めたものである。明治時代のものも若勢に関わりのあった人の記録で、部外者の調査による論考ではない。それが昭和になると新聞にも取上げられる。秋田魁新報も書いている（年月日は新暦）。

昭和五年（一九三〇）九月二十六日の夕刊は、「今年は買手のすくない「若勢市」横手、増田などに残る勞力の市場」の見出しで、「三、四年前までは飛ぶように売れたが、今年は深刻な不景気に十人に一人ぐらいの売行きである」とある。

昭和七年（一九三二）十一月二十八日の朝刊につぎのようにある。

農林省農政課より若勢市場の特殊な慣習を聞きこんで平鹿郡農会に左記事項の調査方を依頼し、次第によっては農林省自ら学究的調査を行う意向である。

(1)若勢市の起源及び近年の盛衰状況
(2)開設場所及び開催月日並に斡旋機関
(3)被雇人及び雇主の集る区域
(4)雇用契約までの交渉方法
(5)契約内容

(6)利弊
(7)存否に対する一般の意向
(8)その他参考事項

新聞記事はほかにもあるが、こうした報道によって若勢と若勢市が広く世間に知られるようになったの確かである。昭和七年（一九三二）の農林省の若勢についての調査依頼は、その効果といってよいだろう。

昭和十一年（一九三六）九月二十五日に、「学界から注目される専門学者も近く来る」という見出しの記事がある。それは「労働市場の一形態たる若勢市に就いて」を執筆した、東北帝国大学法文学経済地理学教室の鈴木倉次と思われる。

新聞記事はその年の景気とつないで、若勢市に立つ若勢の多い少ないと、それによる若勢市の盛況にふれている。景気についいは若勢の記事の中では深く掘下げられていないが、別の頁で大きく取りあげられているはずである。それは当時の農村の実情の一面を物語っている。

昭和五年（一九三〇）の新聞に「失業者の帰農増加で農村ます〳〵窮迫」という見出しの記事がある。若勢についての記事ではないが、労働者は農家の二、三男の出稼ぎが多いが、失業しても故郷にもどって父母の厄介になればどうにか食えるという、家族的関係が伝統となっている。資本家は生活保証をしない低賃金で、いつでも首切りのできる苛酷な労働条件を押しつけてきたという内容である。その失業者が頼りとした農村の状態はどうだったのだろうか。

農村の実情

農村は大正九年(一九二〇)の経済恐慌や大正十二年(一九二三)の関東大震災などの打撃もあったが、昭和四年(一九二九)十月二十四日のニューヨーク株式市場の大暴落はその比でなかった。世界中に広まった恐慌はまたたく間に日本にもおよび、物価の下落や生産の停滞、企業の倒産、失業者の増大など、日本経済の大きな混乱はいやおうなしに秋田県も巻きこまれる。まず農産物の価格低下である。

昭和五年(一九三〇)五月の生糸の相場は一一〇〇円であったが、わずか一ヶ月後には七九五円と四割七分も暴落して、養蚕農家を苦境に落とし入れた。一般物価の下落率は前年同月にくらべて一割八分だったが、農家の収入源である野菜は四割から六割さがった。さらに十月二日の第一回米収穫予想高は、過去五ヶ年平均の一二・五%増の六六八七石の大豊作と発表されて米価も下落し始める。農家は先を競って米を売るようになり、その年の一石あたりの生産費が二七円八銭であったのに、翌月三日に米価は十六円台になり、さらに十日後には一俵五円で売る農家まで現れた。いわゆる豊作貧乏である。新聞に「米遂に一俵五圓」という見出しの記事が出る。

さらに農産物の価格の下落に対する、農業に必要な物品の価格差があった。大正末期にくら

稲刈りと杭干し。秋田県大曲市（現大仙市）。昭和 42 年（1967）9 月。
撮影・佐藤久太郎

べて昭和六年（一九三一）六月の農産物の下落率は五割五分五厘、ところが農業の必需品の価格は三割二分二厘止まりで、その差が農家の負担となった。また不況になっても農家の地租（税金）の軽減策はなく、滞納者が増える。

これに追打ちをかけたのは相次ぐ冷害である。昭和五年と同八年は大豊作であったが、米価の下落で豊作貧乏となる。その間の昭和六年、七年、それに九年、十年は不作、ことに九年は深刻な凶作となった。この九年は春からの低温が六月から八月につづいたうえに雨の日が多く、稲穂の結実に必要な日照時間が少なかったために、全県にわたって凶作となった。

豊作でさえ凶作と変わらない、こうした農村の不況から生じたのは、農家の子女の

被害のあった稲の見本を杭に掛ける。昭和33年（1958）9月。秋田県横手市。撮影・佐藤久太郎

身売りだった。凶作の昭和七年（一九三二）に由利郡のある村では「百名の娘が売られた」と報じられている。昭和九年十一月六日の秋田魁新報、「農村不況の悲しい犠牲となって他国に稼ぐ離村婦人女子」の見出しの記事に、身売りは県内三六〇六人、県外七五七六人、計一万一一八二人に達したとある。娘の身売りは悪徳周旋人の甘い口車に乗せられて涙をみる例が多く、人道上から大きな社会問題となった。そのため県の社会課が中心となって、全県にわたり子女の身売防止運動を展開したが、根絶は困難だった。

農村の実情の執筆には『羽後町郷土史』と『ふるさと秋田の学び』を参照した。

紙芝居「縣南哀話」

婦女子の身売り

横手職業紹介所は昭和十三年（一九三八）に、身売防止を呼びかける「縣南哀話　絹子姉妹とその父母」という紙芝居を製作、その実演を依頼する文書を同年十二月七日付で平鹿郡内の各機関に送った。「職業紹介機関利用宣伝紙芝居実演ニ関スル件」という表題の書面には、巡回就職相談や部落会議、村落祭典などの集合時を利用、あるいは卒業をひかえた児童、父兄会、保護者会などで、職業紹介機関利用宣伝をしたいので御協力をたまわりたいとある。

この文書に参考表として、昭和七年（一九三二）一月から昭和十二年（一九三七）十二月までの、平鹿郡二十四ヶ町村の婦女子の身売り数が記されている。

身売婦女子年齢調

十三歳ヨリ十五歳マデノモノ　六六人
十六歳ヨリ十八歳マデノモノ　八二人

東京方面に就職する娘たち。昭和11年（1936）3月。提供・須藤　功

十九歳ヨリ二十一歳マデノモノ	四七人
十九歳ヨリ二十五歳マデノモノ	一二人
悪辣手段ニ依ル身売件数	三九件
無知蒙昧ニ依ル身売件数	一二七件
其他身売ト推定セラル件数	四一件
計	二〇七件

身売婦女子行先調

名古屋方面	四一人
東京方面	三八人
静岡方面	三〇人
北海道・青森方面	二九人
大阪・京都方面	二二人
県内	一三人
新潟方面	九人
行先調査不能	二五人

つぎは横手職業紹介所が製作した紙芝居の実演依頼に添付された書面である。

銃後身売防止運動ニ関スル紙芝居実施計画概要

横手職業紹介所ハ多年婦女子の身売防止運動ニ心血ヲ注ギタルモ最近、悪辣ナル彼等悪周旋業者、悪募集従事者ノ潜行的手段ハ年々巧妙ヲ極メ之レヲ事前ニ察知或ハ未然ニ防止スルハ実ニ容易ナラズ依テ従来ノ如キ文書宣伝或ハ講演ノ如キハ其ノ目的達成シ難キモノアルヲ察知セリ。之レニ代フルニ活動写真ノ如キモ徒ラニ計画ノミ要シ然カモ之レガ防止運動ニ適切ナル映画フエルムを得ル事ハ又以テ至難ナリ。故ニ最モ安価ニシテ農村民心ニ適スル然カモ教育的効果顕著ナリト最近教育界ニ推賞セラルル紙芝居ニ依テ無知強欲ナル父兄ヲ刺激シ職業紹介機関ノ利用ヲ周知徹底セシメ以テ予期ノ効果ヲ挙ゲントスルモノナリ。本計画ノ材料並ニ題材ハ、昭和十二年九月ヨリ十三年迄ノ間ニ於テ平鹿郡某村ニ秘メラレル最モ悲惨ナル身売事件ノ実例ヲ採リ之レヲ詳細ニ調査シ当所職員ガ脚色セルモノニシテ単純ナル題名ヲ付シ内容ノ如キモ最モ通俗的ニ農村父兄、姉妹等ニ適スル様、熱情ヲ以テ解説シ無知盲昧ナル、或ハ計画的ニ悪周旋事業者等ト結託シテ無心ナネル吾子ヲ身売セントスル悪辣強欲ナル父母ノムネニ涙ノ止メヲ刺スノガ其ノ目的ニシテ銃後ニカカル悲惨ナル事件ノ絶滅ヲ期シ解説中ハ内容ノ要所々々ヲ補ヘ職業紹介機関ノ利用ヲ周知セシメ少年少女ノ就職状況ヲ実際的ニ宣伝セントスルノガ本計画ノ眼目とする処ナリ。

縣南哀話　絹子姉妹とその父母

原作　横手職業紹介所岡田弘三
横手高等小学校齋藤長悦

序説

サァ皆さん　今度横手の職業紹介所で皆さんのために、無料で非常に為になる紙芝居を始めました。

只今より始めます。この物語は昨年の秋、稲上げも終わった頃、平鹿郡浅舞町から西にはるか遠いある村にあった聞く悲しい哀れな涙の実話で御座います。職業紹介所の手を経づに周旋屋や、悪募集従事者の手を経て他県へ出てゆく者の如何に悲しい末路に終わっているかをよく御考へ下さいまして、どうか最後まで御ゆっくりと御覧になり、可哀相な絹子さんのために同情の涙をしぼって下さい。

㈠

こゝは小川の流れも美しい平鹿郡のとある村です。

鳥海の山は頭に白い帽子をかむり、晩秋の空にくっ

「縣南哀話」紙芝居。昭和13年（1938）3月。
提供・須藤　功

きりと雄大な姿を浮べて居ります。秋の日には珍らしいよく晴れた日でした。

静かな平和なこの村で生れた絹子さんは、家は貧しいが小学校高等一年をおえて横手町のある大きな商店に女店員として就職し、誠によく勤務しておりました。

小学校の先生も絹子さんは非常に成績もよく優しいよい子であったと、今だにほめておるくらいです。

㈡

或る日、お父さんが急病だと云う知せで急いで村へ帰ってみると、病気なはずのお父さんは見た事もない洋服の男と酒をのみながら何枚かの拾円札を数えて喜んでおりました。絹子さんは急にわけがわからなくなり、吾家の戸口の陰に佇んでこっそりこの様子を見ておりましたが、目の早いお父さんは絹子さんを見付けて仕舞いました。

父「こらッ絹子!何でそんな処に立っているんだね。早くはいれ!お前も大した出世すると云うものだよ。……この旦那さんはなァ、名古屋の大きな日本でも有名な工場の人事、主任様でな、お前を事務員に採用してくれるって事だよ。お前も横手あたりの店で奉公していた処で大した事はない。こんど家に帰る時は、錦紗の着物でもお召しでも何んでもお望み次第、買って下さる話だよ。ちょうたまげたものだ。さあこっちへきて旦那様へお礼をしなよ」

男「これはこれは絹子さんですか。私は名古屋の岸本工場の者だがね、今もお父さんも云われた通り、こんな田舎にいるよか、大都会で暮らした方がどんなに幸福だかわかりませんよ。とにかく明日、私と一緒に行けばもう安心なものですよ。これはこれは美しいよい娘さんですね……」

絹「お父さん私に出来る事ならどんな処へでも行って働きますが、兄さんが戦地からお帰りになるまで私を横手に置いて下さいね。折角、学校の先生のお世話でこうして働いているのですもの、学校の大沢先生にもわるいわ」

父「絹子！何んだと、お前一体学校の先生のため働いているのか、親のため働いているのか」

絹「だって、何んだか、その工場とか一体、何んと云う工場ですか。従業員はどのくらいおりますか。就業案内書見せて頂戴」

男「いや、決して御心配はいりませんよ。名古屋の石塚工場ですよ。私はその人事主任ですが、今日は一寸その就業案内書は忘れてきました。なあに、ちっとも心配する事ありませんよ」

絹「名古屋の石塚工場、日本でも有名な、私、聞いた事ない処ですわ。学校の先生は先達ても同窓会の時、他県へ就職する時は、かならず職業紹介所の手を経て就職した方が一番安心だと云っていましたよ」

父「絹子、何を生意気ぬかしていい子だいい子だとおだてあげると図に乗りやがって…… 手前みたいなあまっちょを一匹連れて行くのに、拾円札の拾八枚もただくれる処はどこにあるんだ。手前の就職のため拾円札拾八枚も耳をそろへてくれる職業紹介所がどこにあるんだ、この馬鹿野郎奴が、親の云う事を聞かないならこうしてくれるぞ、このあまっちょ奴が」
絹「あれ、あーれ、お父さん御めんして下さい。痛い々々、お父さん御めんして下さーい」
母「まあ、お前さん、そんなにまでしなくたって、私からよく云い含めますからそんな事をしないで下さい」
父「こんな野郎は娘に持った覚えがない。この畜生奴」

㈢

この日の夕暮れ時でした。東にそびゆる山々もうしろの鳥海の峰も段々と夕もやに包まれ、ねぐらへ帰る烏がカァカァと鳴きながら西の森へ飛んで行きました。哀れ絹子さんはもはや絶対絶命です。裏の畑でシクシク泣いていました。
絹「こんな時、戦地の兄さんがいてくれたら……」
と思えばなおさら泣けてくる絹子さんでした。
母「絹子、お父さんもああ云っているし、わずかの辛抱ですからお前行ってくれ」
絹「だってお母さん、わけもわからない工場ヤ会社に就職するよか、チャント職業紹介所へ相談に行って立派な安心な処へ就職した方がよいわ。隣村の同級生のみさ子さんも糸子さんも職業紹介所へ相談に行ったお蔭で、今では働きながら工場女学校へはいって、奇麗な寄宿舎にはいって、親切で優しい先生や主任さんの指導でとても面白く働いて居るってこの間も手紙がきたって云う事よ。後生だから私をそんなところへやらないで下さい」

母「だってお前、横手あたりで女店員などしていたところで何程のお金になるわけでないさ」
絹「お母さん、職業紹介所で相談して立派な工場、会社に就職すると、必要があれば就職資金と云うありがたいお金があって、五十円でも八十円でも無利子で期限なしで然かも簡単な方法でお借りする事が出来るのよ。去年の春など、友達のたか子さんやきよこさんもこのお金をお借りして堂々と就職して行ったのよ。今ではチャンと返済して仕舞ったばかりでなく、貯金だって毎月十円ばかりずつしているって事よ……　お母さん、どうか私をそんなところへやらないで下さい。助けて下さい」

㈣

如何に涙ながら母親を説いても、金に目のくらむ強欲無道なこの母親の心もまた動かなかった。恐るべきは周旋屋の毒手に、無心な吾子を可愛いかるべき娘を、金で売り飛ばす世にも憎むべき父親と母親であります。

それから三日ばかり経った或る雨の日の夕、絹子のお父さんは浅舞町辺の、これも周旋屋くずれの六蔵とか云う男と娘を売り飛ばした金で酒を呑みながら、大声で話しているのが屋外まで聞こえてきました。

父「どうも今時の娘は職業紹介所だの役場の職業係だのと、何んだってろくでもねえ事を抜かして、さっぱり気に食わねえもんだ。まぁ、でも俺も娘二人持ったお蔭で時々甘い酒を呑めると云うものだ。これも六蔵さんのお蔭だ。申しわけねえ。さぁ一ぱい」

六「だから云わねこっちゃねえや。六年生卒業の時すぐに俺の云う事を聞いて早く片付けて仕舞へばよかったんだに。一年も学校へ多く入れておくと、ろくでもねえ事覚えてなぁ、まぁ、いいや、当座は泣いたり吠えたりした処で向こう行って仕舞へば面白い事ばかりだよ」

母「何んと、絹子は岸本の旦那さんが持ってきてくれたあの着物を着て、少しばかり化粧したところ、そりゃ、とても奇麗になって、母ながらすっかり見惚れて仕舞ったよ。そのほか汽車切符まで買ってくれて、それはそれは親切なものでしたよ」

どうです、皆さん。娘を売り飛ばして喜ぶこのありさまは何事でしょう。正に地獄のような事実ではありませんか。

(五)

それから十月、十一月、寒い十二月、一月、二月も過ぎた三月頃の事です。絹子のお父さんが村の駐在所へ呼び出されました。

巡「貞作さん、お前の娘さんは去年の秋頃までは横手に店員奉公して、時々見せたあの優しい姿が、この頃さっぱり見えないようだが、一体どうした事だね」

父「いえ、その……　あの絹子の事ですか……　それは……　その……　いいと、あの実はその仙台に俺の兄が居りますんでな、家中は手不足なものですから、手伝いかたがたその兄の処にやって居りますんでな……　その……　ははは」

巡「そうか、そんならいいがな……　あんまり姿が見えんもんだから、お前には姉娘の事件もあるんだし、一寸聞いておく必要があってな、実はお前にきてもらったのだが、娘さんからこの頃手紙がくるかな。その手紙を見せてくれ」
父「いいそれは、きますとも、きますとも毎日のようにきますよ。あれも甘へっ児でね、この間など着物を買うから金を送れなどと云ってよこしてな……」
巡「じゃ、その手紙を見せてくれ」
父「いい、あの、それは絹子からきた手紙ですか。それはその、あの子は字が下手でね、旦那さんには読めませんよ」
巡「何んでもよいから見せてくれ」
父「ええと、実はその手紙は忘れてきたんで……」
巡「わしは先刻お前を呼びにやる時、確か絹子さんからきた手紙を全部持ってこいと云ってやったはずぢゃないか」
父「いいそれはそうで御座いましたが、見せるような上手な手紙は一本もないんでね…… その……」
巡「こら!貞作、お前はまたこの俺をあざむくつもりか、お前はいくら隠し立てたってもう駄目だぞ。お前は絹子の姉、貞子の問題の時はこの俺に何んと云って泣きついた。お前はこの駐在所の土間にひざをついてすっかり心を入れ替えるから、どうか娘を返すように手配してくれと男泣きに泣いた事を忘れたのか。き、き、貴様はは実に畜生にもおとる奴だな。

その矢先にまたもや二の舞をやったナァ。よくよくの人でなし奴。き、貴様はこの手紙はだれが書いたかわかるか。真人間としてこの手紙を涙なくして読まれると思うか。顔を洗ってよくこの手紙を読め……」

父「いいえ！絹子からきた、きた、手、手紙ですか。ど、ど、どうか見せてください。どうか、よ、よ、読ませて下さい」

巡「ならん。貴様のような者にこの手紙は渡されん。わしが読んで聞かせてやるから、耳の穴をほじってよく聞け……」

読もうとする菅原巡査の目からは涙が流れて、その声もむせび勝でした。

拝啓　菅原巡査さま。ながらく御無沙汰致し申わけございません。おゆるし下さい。

何から先に申上げてよいやらわかりません。私は恐ろしいあの父と母とそれから六蔵と云う人のため、昨年の十月にこの名古屋へ連れてこられました。私は反対しましたが、いくら反対しても私の父、母は聞いてくれませんでした。あまり恥ずかしくて申上げようも御座いませんが、大工場どころか地獄のような処です。

私を連れてきた岸本と云う人は人事主任どころか、こちらへきた晩のうちに姿を消して仕舞いました。本当の悪周旋屋でした。

私は今まで随分、我まんしてきましたがもうこのうえは我まんができません。五ヶ月もなってまだ前借金は弐百円にもなっているようです。

ここの友達も、こんなところにいるくらいならカフェーの女給か飲食店の女給の方かまだましと云って、逃げて行く人も沢山あります。

死んだ私の姉もきっとこんな処に連れられてきたと思います。

菅原巡査様、あなたのお蔭がなかったら、姉はこんな処で死んで仕舞った事でしょうが、家へ帰して頂いてから死んだのはせめてもの幸福だと私は思って居ります。

そしてやっぱり姉さんもこうして、私の今書いて居るいるような同じ手紙をあなた様へ書いてやった事でしょう。それを思えば悲しい運命の姉妹です。私は泣けて泣けて仕方がありません。これは無知な親を持った宿命ですがあきらめがつきません。村の友達は職業紹介所のお世話でみんな立派な信用のある工場、会社へ出て面白く働いているのに、自分ばかりこんな目に合わされて恥ずかしく申上げようも御座いません。

菅原巡査様、私の父母と云う人は本当の父でしょうか、本当の母でしょうか。私は思えば戦慄します。

どうかどうか一日も早く警察の手で、御親切なあなた様のお力によって私をこゝから救い出して下さい。お願い致します。お願い致します。


（手紙は原文のまゝ）

三月二十九日

福村絹子より

菅原巡査様

文字の走りこそ、たどたどしいものがありましたが、この世にも哀れな絹子さんの手紙、親戚の人へならいざ知らず、他人である警官へ救いを求めるこの手紙を、鬼のような父親は真人間でなくしてどうして聞かれるでしょうか。

㈥

サァ皆さん、この哀れな悲しい涙の物語は、平鹿郡は浅舞町から西にはるか遠いある村にあった事実です。

皆さん、これは他人事ではありません。こうした悲惨な身売りはそこらに沢山ある事を、職業紹介所は知っております。横手の職業紹介所ではこの紙芝居を決して面白半分にやっているのではない事をお考へ下さい。

職業紹介所では少年少女の就職相談に実に手のとどくような親切でお世話して居ります。堂々と横手職業紹介所のお世話で就職して行った少年少女からの感謝の手紙は、毎日、沢山参っております。一度お出でになって見てください。

職業紹介所て安心して働ける。しかも衛生、保安、娯楽、勉学、貯金等の設備のある整然たる統制と規律のある最も信用のある大工場、会社でなければお世話致しません

しかも出発する時は汽車賃の五割券を差しあげ、職員がちゃんと向こう先まで送って行ってあげます。その後、時々その就職先を訪問して激励したり、慰問してやったり懇切に就職者の面倒を見ているのです。

皆さんには可愛い娘やお孫さん、妹や弟が居られるでしょう。どうか何んの遠慮もいりませんから、就職上の御相談にお出で下さい。

この町村の学校、役場には毎月、私どもは二、三回ずつ巡回して参りますから、そう云う機会を利用して役場なり学校なりへお出でください。

もし就職するに差当って必要がありますれば、どなた様へでもすぐに就職資金と云うありがたいお金を五十円でも八十円でも簡単な方法で無利子でお貸し致します。

サァ皆様、拾円札何枚かで娘さんや弟、妹、孫をおそるべき周旋屋やインチキ募集従事者の手に渡して泥沼へ投げこむか、それとも職業紹介所の手を経て喜んで朗らかに就職させて、将来、立派な人にするか。

もうそろそろ各学校の卒業期が近づきました。よくよくお考えにならなければならない問題でです。静かに御覧下さいましてありがとう御座います。「絹子姉妹とその父母」紙芝居二十枚の終わりとなって居ります。

哀れ絹子さんの運命はどうなったでしょう。それは今度の次にお目にかけます。

（おわり）

農村再生のために

満洲移民

昭和初期からつづいた、人災の経済恐慌と天災の冷害によって、婦女子の身売りなどにあえぐ農村を、国は知らないふりをしていたわけではない。のちに残留孤児を生む満洲開拓移民も、当時は農村救済の意図を持っていた。山川暁著『満洲に消えた分村』は、昭和十一年(一九三六)三月十一日の朝日新聞のつぎの記事を引用している。

今や衰滅の一路を辿りつつあるわが農村において、現在、農家一戸あたり耕地面積は一町歩強である。こんな狭小な耕地をどんなに集約化したところで、広い耕地を持つ外国のそれと競争し得べくもない。農民の最も根本的な欲求はもっと土地が欲しいということだ。この要求に答える道は一つ。内地の農民の数を減らすことだ。一戸あたり耕地を倍にしたら、農村問題も大半は解決する。それには農家の半数を満洲国に移民することが最も適切だ。これは一見不可能のように見える。僅かに二百や四百の武装移民に手を焼いている拓務省あたりには出来そうもないが、然し日本の移民を千万二千万と満洲に送ることが不可能な、不必要なことだろうか。

従来不可能だったのは、それを可能にするようにしなかったからではないか。年に百万戸の農民を満洲に送るとしても、一戸あたり千円の現物給を与えるとしても十億円で十分だ。毎年百万戸、五年計画として五十億円の金があれば五百万戸、約二千五百万の日本人を満洲に定着させられる。

その具体案としては、先ず内地農村に農村統制法を施すのだ。農家の二、三男で働く土地の無い者、純粋の小作農、耕地狭小のため慢性失業の状態にある農村人口を半強制的に(町村自治体を主体として)計画的に移住せしめるのだ。そして残留する者には、耕地が広くなる点から多少の負担を負わしめるは当然だ。

耕地は一戸あたり少なくとも十町歩以上とし、大農的な経営を行う。然もそれらの移民が次第に血縁近き民族である満洲人と結婚し、満洲人と日本人とが同化すれば、日本にとってどんな心強いことか知れない。

右の提唱を実現すれば、一には内地の農村問題を解決し、二には満洲国を確実に永久に日本の友邦たらしめ、三には兵農両然を果し、まさに一石三鳥というべきであるまいか。

記事の最初の「農家一戸あたり耕地面積は一町歩」というのは、どこから出たものだろうか。

大地主はともかく、どれだけのが農家が一町歩の耕地を持っていたのだろう。また移民によって国内に残る農家の農地が倍になったら、農村問題も大半は解決するとある。これは満洲移民の必要を説く農林省などの代弁といってもよい。結論からいうと、農地の二倍は戦争が重なってならなかったし、むしろ困窮を増やす。救いがあったとすれば、戦後、連合国総司令部の指示で実施した農地改革は、それによって零細農家も耕地を持つことができた。倍の農地ではないが、国敗れてわずかながら農家に幸が転げこんだということである。

ところで山川暁は、引用した朝日新聞の記事につづいて書いている。「満洲国」は昭和七年（一九三二）に、軍事力によって日本が中国の東三省（奉天、吉林、黒龍江）と呼ばれた東北地方につくりあげた国家で、中国人はこれを偽りの国家「偽満洲国」と呼び、多くの国が国家として認めなかった。

またこの朝日新聞の記事は、二・二六事件の直後に出た。事件では大蔵大臣の高橋是清も私邸で射殺されるが、それは高橋是清が満洲移民に反対していて、そのための予算を認めようとしなかったからで、その障害がなくなったところで書かれた。

記事にある「百万戸の農民」というのは、満洲国の人口が二十年後に五千万人に増えると想定し、その一割にあたる五百万人を日本人で占めるようにするため、一家五人として百万戸を移住させる必要があるとする関東軍の案である。広田弘毅内閣はそれを取り入れて国策として二十年計画を立てて百万戸移住を実行することを決める。

満洲移民を力説してきた民間人で農本主義者の加藤完治は、満洲移民によって国内の農村問題は解決するといい、記事でも一戸あたりの耕地を倍にしたら農村問題の大半は解決すると書いている。しかし陸軍省や関東軍は別のことを考えていた。記事の一石三鳥の三の〈兵農両然〉で、それはソ連と戦争になったとき、移民に食糧などを補給させるとともに、男たちを徴兵して前線に立たせて戦わせる、そのために必要な移民というのである。この徴兵は実施された。だが昭和二十年（一九四五）八月八日にソ連が対日戦線布告をし、つづいて敗戦となると、関東軍は移民をおき去りにして退却した。だから補給は必要なかったし、移民はすべての夢をかき捨ててとにかく逃避するしかなかった。その逃避行からたくさんの中国残留孤児が出る。

これは山川暁ではなく、だれかが何かに書いていたのを読んだと記憶するが、男たちは戦地に送られたうえに、満洲移民と満蒙開拓青少年義勇軍によって農村には男手がいなくなり、米作りに支障をきたすようになったという。昭和十四年（一九三九）四月の米穀配給統制法公布により米は配給制になるが、その配給量が少しずつ少なくなっただけではなく遅配もあった。それは戦後なおもしばらくつづいた。米の代わりに鰊《にしん》が配給になったことがあるよ、と母に聞いたことがある。住んでいた横手町でのことである。

民俗学者はこの米の配給制で日本人のだれもが米飯が食えるようになったとする。だれもがというのは、稗や粟を主食にしていた山村の人々を指している。ただその山村の人々は飢饉に備えて稗や粟の備蓄をしていた。だから米の配給が減ってもそれらによって食いつなぎができた。そうした用意のない、配給米だけが頼りの都市や町に住む人たちにとって、配給米の減少は命にかかわることでもあった。

「農政の神様」といわれた石黒忠篤は、昭和十五年（一九四〇）七月に第二次近衛内閣の農林大臣に、昭和二十年（一九四五）四月には鈴木貫太郎内閣の農商大臣になる。この敗戦の年の切迫した食糧事情のことを、著書『農政落葉籠』の「終戦内閣の話」に、農相大臣の立場から、ない食糧をどうするということの各大臣との論戦と対応などをかなり詳しく書いている。これを読むと、国民の餓死を防ぐためにもポツダム宣言を受入れなければならなかったということが伝わってくる。

国内では米の増産を計っても、男手がなく難しかった。朝鮮の港には日本に送るための朝鮮米や満洲糧穀が二百十三万石も積まれていたが、それを輸送する船はもうなかった。これを聞いたらしい東大の教授が、人伝てに石黒忠篤に連絡してきた。その穀物をゴム袋に入れて北朝鮮の港から海流の流れるままに流してみてはどうか、教授の計算ではそれは幾日かで島根県のある地点に到着するはずである、というものだった。

海軍が食糧と馬糧を要求したことにも触れている。海で戦う海軍に馬のいるはずがなく、その餌など必要のないのは歴然である。それに対する次官らの答えは、本土決戦で船による輸送ができなくなったときは、馬の背に頼るしかないからというのであった。敗戦が近いころの海軍にはもう戦艦や輸送船はほとんどなく、国内の港を結ぶ輸送でさえ難しくなっていた。

ただ石黒忠篤の米作りに支障をきたした記述に、満洲移民や満蒙開拓青少年義勇軍のからみについては触れていない。語るだけの確かなデーターがなかったとも思われるが、たとえデーターがあったとしても、石黒忠篤はこの二つに深く関わっていたから、事実を書くにはおそらくためらったはずである。

農村更生

農林省の役人として、昭和六年（一九三一）に農林次官になった石黒忠篤は、昭和九年（一九三四）に同省を退官する。役人のときから農村更生に力を注いでいたので、今度は民間人としてさらに力を注いでもらおうと、とりまきが「社団法人農村更生協会」を発起し、石黒忠篤を代表理事として農林大臣に設立認可を申請、昭和九年十二月十八日に認可された。

農村更生協会設立の目的は、昭和初期から重なるようにつづく困窮を取去り、農村を明るい方向に向けことだった。そのためにさまざまな事業を展開した。その一つ一つは農村更生協会設立50周年記念誌の『五十年のあゆみ』に記されている。

その中からいくつかを取りあげてみる。発足の当時に熱心に行なったのは「農家簿記運動」である。毎日、使ったお金をきちんと金銭出納簿に記入し、月ごとに無駄使いがなかったか反省をして、支出に計画性を持たせようとしたものである。一方、農村更生協会はその簿記を見せてもらうことで、農家の経済状況の実態をつかむ目的があった。協会として事業を展開するために必要な基礎資料だった。これには十五府県の二十四の集落が運動に参加、それぞれの集落に職員が出向いた指導にあたった。

小麦増産と稗栽培運動は、米のほかにこうした農産物を加えて農村経済の建直しを図ろうとしたものである。昭和二年～昭和六年の小麦の国内の自給率は六八パーセント、残りを補う輸入金額は二七、四七七、六千円で、その外貨の節約と農家の所得を増やすために、政府は昭和七年（一九三二）に「小麦増殖五ヶ年計画」を建て、翌八年から実施した。小麦粉の関税を引きあげて、国内生産を保護するために、小麦に関する研究期間を拡充し、品種と栽培法の改良、病虫害の防除の研究、また各府県に小麦の奨励官をおいて、小麦の増殖について専門に担当させた。

これによって、たとえば昭和三～七年の平均値に対する、昭和十年（一九三五）の小麦の作付面積は一六六・三町歩と二四パーセント増加、総生産高も三、三二一、三石と五二パーセント増えた。この効果の一つに冬にも畑の利用ができたこと、麦作は小作農の収入になったので、多いとはいえないまでも零細な農家をうるおしたことである。農村更生協会は小麦増産の実施指導ではなく、この増産問題についての農村と農家の動きの調査にあたった。

稗栽培運動は、畜産農家が輸入統制による輸入飼料への先行き不安を抱き始めたことから、その対応策として始めた運動であった。昭和十四年（一九三九）四月に、この運動を担当することになった協会主事の松田延一は、石黒忠篤にいわれた。

「協会は飼料問題に取組むことにした。君はこれまでの仕事とは違うが、戦死したつもりでこの運動をやるように」

それまで小麦増産の調査に関わっていて、稗についてはどうすればよいのかまったく見当のつかない松田延一に、石黒忠篤はつづけていった。

⑴この運動ではわが国で古くから栽培されてきた作物で、素人でも作りやすく、またやせ地でも作りやすく、しかも飼料としても、人間の食糧としても価値のある稗を取りあげることにする。

⑵この稗の種子を協会が無償で希望の学校（中等学校から大学までの学校）に配布し栽培してもらう。

⑶土地は学校所在の空閑地、荒地を使ってもらう。

⑷生産物は馬糧として軍へ献納してもらう。

⑸国民に稗に対する認識を改めてもらうように、一大啓蒙運動を行なう。

この運動はさまざまな形で成果があった。さまざまというのは、飼料としてだけではなく、稗の栄養学の研究、精白の工夫で米と一緒に炊飯しても著しく見劣りのしないようにしたこと、稗を使った料理などである。さらに稗の栄養価値の高いことを宣伝したことで、稗食をそれとなく卑下していた人々に自信をを与えるという功績もあった。昭和十四年には、『村』に掲載されていた稗の記事を一冊ずつ稗叢書として出した（①と⑧はB6版ほかは四六版）。

①石黒忠篤『稗栽培運動の提唱』（十六頁）
②柳田國男『稗の未来』（二三頁）
③小原哲二郎『稗の利用価値』（十頁）
④松田延一『稗の栽培』（十八頁）
⑤早川孝太郎『農と稗』（二十九頁）
⑥　〃　『稗と民俗』（三十四頁）
⑦松田延一『稗の処理』（十四頁）
⑧藤原相之助『稗と稲』（四十九頁）
⑨古宇田清平『稗の重要性』（十八頁）
⑩杉野忠夫『稗と国策』（十三頁）
⑪小原哲二郎『稗の精白』（十八頁）
⑫江馬三枝子『飛騨と稗飯』（十八頁）
⑬小泉親彦『稗食の栄養に就いて』（二十五頁）
⑭小原哲二郎『稗の加工上』
⑮　〃　『稗の加工下』（十四頁）

柳田國男は日本の民俗学の創始者。小原哲二郎は岩手県出身の東京農業教育専門学校（のちに東京教育大学に包括される）の教授で、栄養学の面から稗の研究をつづけた。松田延一は協会主事の一人で、この稗栽培運動の担当者。早川孝太郎も協会主事で、神事芸能の花祭の研究で知られた民俗学者。藤原相之助は歴史、民俗の研究者。古宇田清平は岩手県農業試験所の技師。杉野忠夫は協会の理事兼主事。小泉親彦は陸軍軍医の中将で、東条内閣で厚生大臣になり終戦後に自決した。江馬三枝子は岐阜県の高山で雑誌『ひだびと』を創刊した民俗研究者。

この稗について、農産統計で最も古い明治十一年（一八七八）に、稗は全国で一〇六、一一一ヘクタール、六五、七九九トンの収穫とある。これが稗栽培運動開始の昭和十四年（一九三九）には、耕地三二、四二三ヘクタールで四一、三二三トン、二年後には収穫が二八、六九五トンに減少している。これは米の配給によって稗作りを止めたところが多くなったからである。戦後は軍馬がいなくなり、農業の機械化の進展にともなって農耕馬もいなくなり、馬糧としての稗は必要なくなる。昭和三十六年（一九六一）以降、稗作は急激に減少、昭和四十四年（一九六九）は耕地面積は五、〇九〇ヘクタール、収穫は九、八三〇トンとあるが、これ以後は農林統計から稗の統計は消える。といって稗作りがまったくなくなったわけではない。ごくわずかだが、今も九州山地では祭りに使うために作っている。

山村生活を考える「山村更生研究會」は三回開催。第一回は「山村生活と國有林」の主題で昭和十一年（一九三六）十月二十九日から山形県最上町の瀬見温泉で三日間、これには秋田県から大勢が参加、営林署関係のほかに一般の人もいた。秋田県東成瀬村の小学校長の菊地慶治もその一人で、この研究會がきっかけで菊地慶治と早川孝太郎の文流が始まる。三十二頁と三十三頁の「若勢達小屋こ」もその一つで、早川孝太郎はしばしば東成瀬村を訪れている。

第二回「山村更生研究會」は昭和十二年（一九三七）七月に、「山村生活と指導」の主題で、岩手県湯口村（現花巻市）の大澤温泉で、第三回は昭和十三年（一九三八）十一月に、「公有林と山村生活」の主題で埼玉県名栗村（現飯能市）の楞嚴寺を会場に開催した。

山村更生研究会に出席した秋田県の人。所蔵・早川孝太郎

つぎに分村運動のことである。これは国内の村を豊かにするために分村し、満洲に移民してもらうように説得する業務である。移民の受入れと支援は満洲拓殖公社があたったが、村人を説得して満洲へ送る業務は農村更生協会が担っていた。協会の主事はそれぞれ担当地域を持って、村人に接触しながら移民を承諾してもらうことにつとめた。

協会の主事の一人だった早川孝太郎は、長野県下伊那郡の泰阜村、千代村、上久堅村の担当で、満洲へつぎの戸数を送り出した（『五十年のあゆみ』）。

泰阜《やすおか》村　三〇〇戸　三江省依蘭大八浪
千代村　二〇〇戸　三江省桃原窪丹崗
上久堅村　二〇〇戸　三江省通河、新立屯

『泰阜村誌』によると、昭和初期の泰阜村は総面積の約八七パーセントが林野、耕地はわずか約四パーセント、生活の頼りは養蚕業だった。だが生糸相場の暴落を引き起こした昭和恐慌の影響は大きく、村人は苦境に立たされる。そうしたときの分村、満洲移民の話だったので、ことは着々と進み、昭和十三年（一九八三）七月十五日の早朝に第一次先遣隊を送り出した。一行は七月二十日に三江省黒台信濃村開拓団にはいった。でもまだ入植地は決まっていなかった。翌年一月十二日にようやく大八浪と決まり、村で待機していた移民家族の父親は、茨城県内原町（現水戸市）の訓練所で一週間の教育を受けたのち、紀元節の二月十一日を佳日として村を発ち、先遣隊と合流して大八浪で入植式を行なった。その入植地は中国人の土地を取りあげたものだった。

この第一次から昭和十八年（一九四三）七月一日の第十四次まで。泰阜村からは一一八九人が移民として満洲に渡り、うち六三二人が再び泰阜村の土を踏むことはなかった。この移民と死亡者の数は資料によって多少の差があるのと、死者には入植地で生まれた子どもも含まれている。泰阜村の人口はおよそ五〇〇〇人だったから、その約四分の一が満洲に渡ったことになる。

この地区を担当した早川孝太郎の日記に、これらの村を訪ねたという記載はあるが、どのような話をしたのかは書いていない。昭和十五年（一九四〇）四月の日記に、敦賀港（滋賀県）で満洲へ行く船を待つ間に二人が発狂し、村にもどって亡くなったとある。発狂の原因は満洲へ行くのが嫌だったのかもしれない。

これは早川孝太郎の分村の講演を聞きに行った協会の同僚が書いている。分村の大義名分はわかっているのだが、分村に参加するといったかと思うと、すぐ手を反すようにやめるという者がいて、役場も手を焼いていた。それを聞いた早川孝太郎が優しく問いかけてみると、満洲には行きたいが、入植後しばらく合同生活をしなければならない。そのとき人前で使えるような蒲団がないという。同僚は「いかにも早川さんらしい話合いだった」と感心し、夜を待ってその家に寝具を何組かリヤカーでこっそり運び、ことはすんだと結んでいる。

青少年を送る

農村更生協会にはもう一つ満蒙開拓青少年義勇軍の業務があった。これは分村ではないが、成人男子の徴兵によって、やがて移民の二、三男はいなくなる。その日のくることを想定して立案し実施されたようである。青少年を満洲と蒙古の開拓地に送るもので、事実昭和十七年（一九四二）以降は、この十五〜十六歳の青少年たちが義勇軍という名の移民となった。

石黒忠篤は農本主義者ともいわれたが、同じ農本主義者の加藤完治とは密接につながっていて意見も合った。満蒙開拓青少年義勇軍もこの二人の談合で、昭和十二年（一九三七）十一月三日に「満蒙開拓青少年義勇軍編成に關する建白書」を各国務大臣と内閣参議に、石黒忠篤、橋本傳左衛門、大藏公望、加藤完治、香坂昌康、那須皓の連名で提出した。その全文は昭和十三年一月号の『村』に掲載されている。

（前略）滿蒙開拓青少年義勇の爲さんとする所は、我青少年を編成して勤勞報國の一大義勇軍たらしめん爲に、全滿數ヶ所の重要地點に大訓練所を設けて此に入所せしめ、開拓訓練即教育、軍事教練即警備なる現地の環境に即せる方法によりて、日滿を貫く雄大なる皇國精神を錬磨せしめ、併せて滿洲農業経営に必要なる智識技能を修練せしむるにあり。斯くして大訓練所の課程を了りし者は、逐次鐵路自警村、既設移民團、將來の移民根據地等にもうけられつゝある中小幾多の青少年訓練所に轉出せしめ、更に修練を重ねると同時に、之に依りて、或は國策移民の完成を助け、或は將來の移民地を管理し、或は交通線を確保し、一朝有事の際に於いては、現地後方の兵站の萬全に資する所あらんとするものなり。而して之等の課程を終了せる者より漸次之を國策移民の基幹部隊として適宜集團土着せしめ、盟邦の根柢を築かんとす。尚ほ彼等の中滿十七歳以上の者は、現行制度に於いても志願兵たるの資格あるが故に、之等の者の爲に大訓練所と連繫して志願兵部隊を特設するも亦、時局に適應せる一策たるべし。（後略）

青少年義勇軍の一員になった青少年を教育して一人前の農業経営者にするとともに、分村による移民の男子と同じように兵士とすることを明記している。この満蒙開拓青少年義勇軍に対する農村更生協会の動きについて、『五十年のあゆみ』に松田延一が書いている。

たしか昭和十二年十二月二十三日であったと思う。杉野主事から全員足止めの指令があり夕方まで協会の事務所に待機した。その理由は、その日の午後、満蒙開拓青少年義勇軍送出の件が閣議決定になるから、その決定により、直ちに行動に移す必要があるから、その結果を加藤完治先生が協会に来て報告せられ、それに基づいて協議する必要があるからというのであった。というのは年末に近く、小学校も冬休みにはいるから、その前にできるだけ多くの小学校を巡り、児童（六年生）達によく説明しておかなければならないという。いわばタイム・リミットがあったからである。

そのときの事情は、来年三月卒業の児童を若干名（数百名）、いわば先遣隊として派遣し、第二年度からはさらに大々的に送出しようとするものであった。

さてその日の夕方（五時過ぎ）、加藤先生は協会へこられ、いよいよ決定、直に行動に移すようにいわれた。それによって協会の職員は、翌日からそれぞれ縁故のある地方へ飛び、小学校六年生に事情を説明し、協会職員一人で少なくとも三十名は募集するようにということが決定された。

この募集のための出張は年末から一月にかけてとなったから、松田延一は正月はなかったとも書いている。また職員一人で少なくとも三十名は募集とあるが、昭和十三年（一九三八）三月号の『村』に掲載された、各県の実数、割当数、超過数の一覧を見ると、その数は大きく越えている。つぎは東北六県の実績である。

	実数	割当数	超過数
青森県	一四二人	一〇〇人	四二人
岩手県	二四五人	一〇〇人	一四五人
秋田県	三五〇人	一二〇人	二三〇人
山形県	三〇一人	三五〇人	×四九人
宮城県	三五〇人	三五〇人	
福島県	三五〇人	一〇〇人	二五〇人

割当数がどのような基準で査定されたのかわからないが、山形県だけ割当数に達していない。この割当数に達していないのは十県で、たとえば愛知県は一九〇人の割当数に八五人、三重県は一二〇人に六〇人足りなかった。逆の超過数では、大分県が割当数五〇人に四七四人、熊本県は一八〇人に五七〇人の応募があった。全国の合計では、割当数五四二〇人に対し、八二三五人が応募している。

松田延一が書いている通りとすると、これは小学六年生が応募した数になる。一覧にそれについての記載はないが、つぎのような一節がある。

特に注目すべきは、従來の滿洲農業移民は、東北地方と新潟、長野を主としてゐたし、ひいて滿洲農業移民は気候及び農業形態の點から北日本農村でなければ成功しないかの常識論が行はれてゐたが、今次の成績は此の俗論を撃破して、四国、九州の南日本は何れも割當數を突破、香川の四七九、佐賀の三〇〇、熊本の五七〇、大分の五二四、鹿児島の四六二等驚異的記録を示した。

これには小学校の先生の協力が大きかった。また選ぶとき成績の上位の者を、と希望をいっておいたが、先生方はそれもしっかり聞いていて、そのようにしてくれたようである。この中には開拓地から兵士として前線に立って散った青少年も少なくない。将来、郷土を背負って立つはずだった優れた人材が満洲の土になったのである。

昭和十三年（一九三八）三月から、募集は高等小学校の卒業生にもあたる。この月の月末になると最初の募集に応じた青少年たちが茨城県内原の訓練所に集まってきた。ただ準備がまだ十分に整っていなかったので、訓練にはいる前に居住する日輪兵舎を造る作業をやらされた。日輪兵舎はモンゴルのゲル（パオ）を模した円形の建物である。やってきた青少年はこの兵舎に寝起きをして二ヵ月ほど厳しい訓練を受けたあと、満洲に渡った。満洲開拓移民とこの満蒙

内原訓練所に並んだ日輪兵舎。所蔵・早川孝太郎

開拓青少年義勇軍の確かな総数はなく、二十七万人とも三十二万人ともいわれる。インターネットのブロクに見る、全国総数三十二万一九一二人とある資料の東北六県の合計の順位と、最も少ない県を一覧してみる。

	満州移民	義勇軍	合計
長野県	三一二六四人	六五九五人	三七八五九人
山形県	一三二五二人	三九二五人	一七一七七人
熊本県	九九七九人	二七〇一人	一二六八〇人
福島県	九五七六人	三〇九七人	一二六七三人
新潟県	九三六一人	三二九〇人	一二六五二人
宮城県	一〇一八〇人	二二三九人	一二四一九人
岐阜県	九三六一人	三二九〇人	一二六五一人
広島県	六三四五人	四八二七人	一一一七二人
東京市	九一六六人	一九九五人	一一一六一人
高知県	九一五一人	一三三一人	一〇四八二人
秋田県	七八一四人	一六三八人	九四五二人

義勇軍の教練。満洲国伊拉哈。昭和 18 年（1943）。撮影・熊谷元一
提供・熊谷元一写真童画館

群馬県	六九五七人	一八一八人	八七七五人
青森県	六五一〇人	一八五五人	八三六五人
香川県	五五〇六人	二三七九人	七八八五人
石川県	四四六三人	二八〇八人	七二七一人
山口県	三七六三人	二七四五人	六五〇八人
岩手県	四四四三人	一九九三人	六四三六人
滋賀県	九三人	一三五四人	一四四七人

全国の合計は開拓移民が二二〇、二八五人、青少年義勇軍一〇一、六二七人、計三二一、九一二人とある。

長野県は合計で二番目の山形県の二倍をはるかに越えている。どうして飛び抜けて多かったのだろうか。考えられる一つは、長野県東部の大日向村（現佐久穂町）が昭和十二年（一九三七）に国内で最初に分村を実行し、満洲移民のモデルとして映画「大日向村」にもなった。国策に沿った宣伝映画だが、それを見た長野県の人々は、あとにつづけと奮起したのかもしれない。この大日向村

義勇軍が育てたキャベツ。満洲国伊拉哈。昭和 18 年（1943）。
撮影・熊谷元一　提供・熊谷元一写真童画館

の分村の人数も二、三あって、果たしてどれが正しいのかと迷う。参考までにあげると、村の約半分の二一六世帯、七六四人を送り出し、その約半数の三七五人が逃避行で亡くなったともある。

長野県を除いて、一覧の開拓移民と義勇軍それぞれの順位は二つの合計の順位とは異なる。たとえば岩手県の義勇軍の人数は、合計では上位の秋田県や青森県より多い。義勇軍の最初の募集で山形県は割当数に四九人足らなかった。それが秋田県より六四九人も多く、東北六県で一番になっている。

こうした社会背景のもとで、昭和十五年（一九四〇）以降は戦争で男手がなくなり、若勢は望めなかった。それだけに、昭和十年代初期の学者による若勢市と若勢の調査は、その最後の実態を伝えるといってもよい。

若勢市を調べ書く

昭和の調査

奉公人市（人市）の研究をする学者にとって、江戸時代からつづく横手町の若勢市は、自分の目と耳で確かめながら調査のできるもので、主な論考には鈴木倉次『労働市場の一形態たる若勢市に就いて』と稲村文夫『農業労働市場の一型態—秋田縣横手町の若勢市—』がある。

稲村文夫は昭和十二年（一九三七）の秋彼岸の若勢市を調査し、つぎのようにまとめた。

一、序—農業労働市場
二、若勢市の起源
三、若勢市の組織
四、若勢の性質
五、若勢市の特質と将来

一の「序—農業労働市場」では、なぜ若勢の調査をするのか、稲村文夫自身の姿勢を示している。以下、各章を要約して記す。

農業の賃労働についての研究はほとんどなされていないので、主として農業年雇（定雇、当雇、作男、作女）を調査しているが、関連する労働市場にも興味をいだくようになった。現在、知られている農業労働者の市場は、秋田県横手町及び増田町の「若勢市」、山口県豊浦郡瀧部村につづいている「奉公市」、千葉県大和田町萱田の「雇人市」などがその主のものである。その中の最近見ることのできた横手の若勢市について報告する。

二の「若勢市の起源」では若勢市の起こりと、つづいてきた横手の若勢市について論考、まず「羽後國風俗問状答」から、若勢市は文化、文政のころから存在していた。それは農村の階級分化と若勢を雇う農業大経営の発達に対応する。名子、譜代奉公人などの封建的な労働者とともに、賃労働者に近い一季、半季の奉公人をおく農業経営は徳川中期から末期にかけてあった。それらは商品貨幣経済の勃興と農村への浸透と平行する。ゆえに若勢市の起源を文化、文政時代と考えるのが妥当であろうとしている。

なぜ横手町に若勢市がつづいたのか。一つは横手町は横手盆地のほぼ中央にあって、周囲の農産物の豊かな農村や背後の山間部と道でつながっていた。明治以降は、奥羽本線の横手駅に交叉する横黒線（現北上線）と横荘線（廃線）によって交通の要地となり、人の出入りも多くなる。その道と鉄路が山間部の若勢を平野部へ結びつけた。その仲立ちをしたのが横手町の若

若勢と人選する手前の親方連。秋田県横手町。昭和 11 年（1936）9 月。『日本民俗圖録』より

勢市だったということである。農地の少ない山間部の余った労力を、労力の足らない平野部の農家で雇ってもらうもので、雇う方も雇われる方も、移動という点からも横手町が最適、それが若勢市を長くつづけさせたのだろう。

県南の最大の町である横手は、古くから要害地として佐竹、小野寺氏の城下町であった。横手の記載のある最古の記録は、正安（一二九九〜一三〇二）・徳治（一三〇六〜一三〇八）ころの和賀小野寺氏系図の道有の項に「正安康子年山乏横手朝倉城築沼館移住」とある。

横手という地名の由緒について、『横手郷土史』に「横手堤」より出いだろうか。

たとあるが、その堤が築かれた伝えはなく、「横の方向にある部落」を意味しているのではな

この横手町では元旦以外は毎日、大町と四日町で一日おきに朝市が開かれる。若勢市より早くあった朝市は、城下町を中心に山村と農村の生産物交換から起こったと思われる。若勢市はこの朝市の一画で行なわれることから、その朝市と密接な関係にあることも考えなければならない。話がついた若勢との手打酒は主として朝市の飲食店でするので、若勢市は朝市の一つの形態と思われる。

朝市は自家製の農産物が主な商品であるが、日用品、食料品、衣料品、農機具、そして飲食店もなど出る。昭和九年（一九三四）十二月三十日の出店数は一四九、つぎはその出店の内訳である。

イ、横手町の者　一〇五

ロ、旅商人　三

ハ、横手近在の者　四二（左はその内訳）

旭村…七　栄村…九　吉田村…一四　山内村…十三　朝倉村…二　境町村…五

田根森村…一　浅舞町…一

商品点数から見ると、

野菜…二十六　食料品…四十九　細工品…十二　果物…三十五　衣類反物…十三

飲食店…四　其他…二十九

（高橋幹雄「横手町の市場について」秋田農民文化研究會『農民』一号参照）

朝市の商人の多くは、若勢市へ出る若勢と村を同じにすることも両者の関係が考えられる。

若勢と雇主

三の「若勢市の組織」では、最初に若勢市の期日を書いている。現在は秋の彼岸（この年は九月二十四日）一日限り、九月二十三日と二十五日も多少開かれるがそれは例外である。

若勢市の時間は朝市と同じ午前中、九月二十四日の午前六時にまず雇主（買手）が現れ、八時ころからぼつぼつ若勢が集まってきた。取引が最高潮になったのは十時ころ、正午にはもう一人もいなかった。

若勢市の場所は上図のように、昔は鍛冶町の善治茶屋付近だったが、現在は四日町中の角、「上辻貫」の路上で行なわれる。

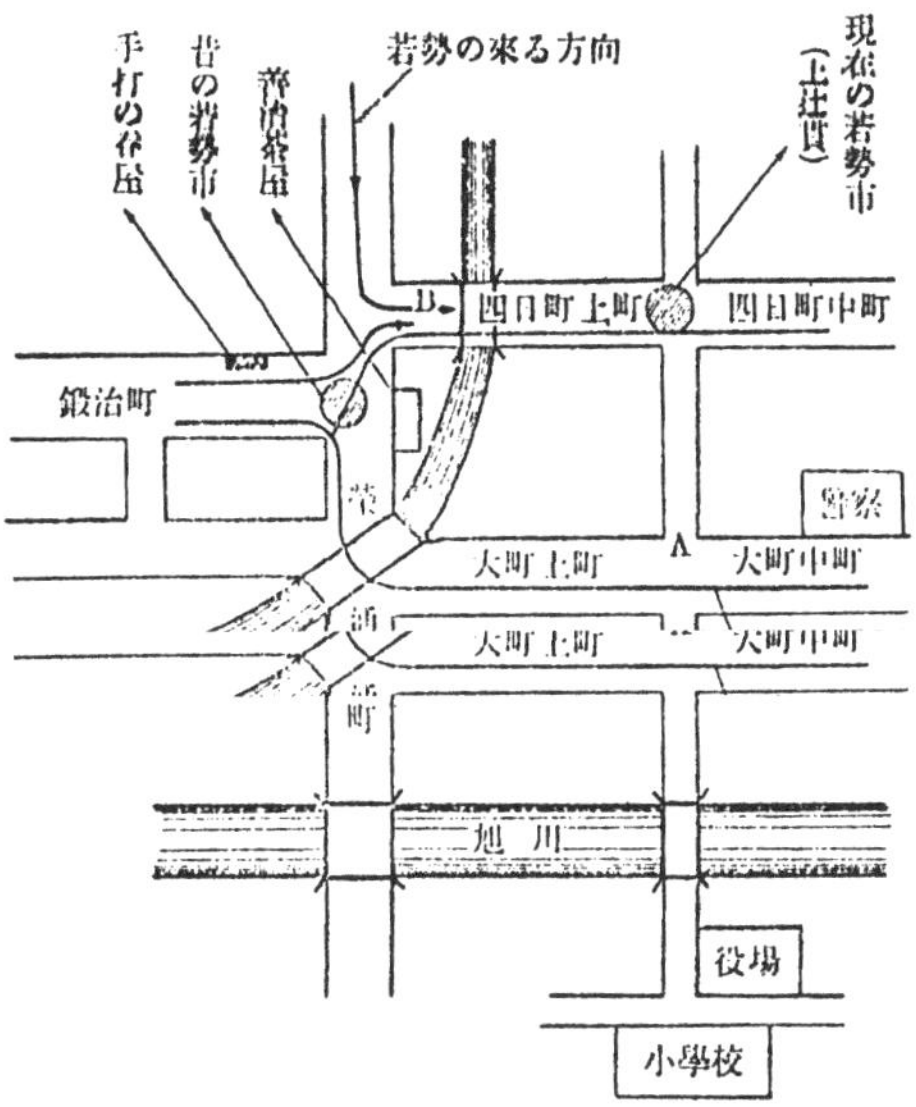

若勢市の場所。「農業労働市場の一型態—秋田県横手町の若勢市—」より

この年は朝市が大町に立つ日だったので、四日町は若勢市だけだった。

上辻貫は四日町と大町通りを結ぶ道路の交又点で、若勢市が開かれるといっても別に何の設備もない。雇主たちは紺の前垂れ風の平鹿特有の服装で、歩きか自転車でやってくる。若勢は紺の新しい仕事着に手製のケラ（蓑）を着け、大きな笠をかぶるか腰にさげている。そして真新しい手拭いで向鉢巻きか頬かむりをしていた。草鞋を履いている者はなく、みな巻ゲートルに地下足袋、中には鳥打帽の若勢もいた。服装によって雇主は若勢の良否を判断するので、若勢も入念に準備してくる。若勢にとっては晴の日であるから、手製とはいえ中々凝ったものを身につけている。特に笠は立派なもので背中に美しく染色した数状のリボンをなびかせている者もいた。今年の若勢市は絶好の彼岸日和だったので、初秋の太陽をさんさんとあびつつ、若勢たちは新しいケラ姿で意気揚々と集まってきた。鉢巻きにケラ、一方の帽子の有無によって若勢と雇主はおのずと区別される。

若勢市が行なわれるのは左図の四つ角、上辻貫の路上で、初め雇主たちは①と②に集まった。若勢たちは③と⑦に多くいた。雇主と若勢の契約交渉は午前八時ころから②のあたりで始まり、若勢が多くなるにつれて②から⑥へ、さらに⑥から④へと道の真中に進出し、午前十時ころには⑤へと移動した。このころが最高潮で、雇主と若勢か次第に少なくなっていくにつれてまた⑥にもどり、正午ころには全くいなくなって市場は閉ざされた。

不思議だったのは、市場の移動とともに雇主も若勢も⑥の大町通りにのみ集まっていたこと

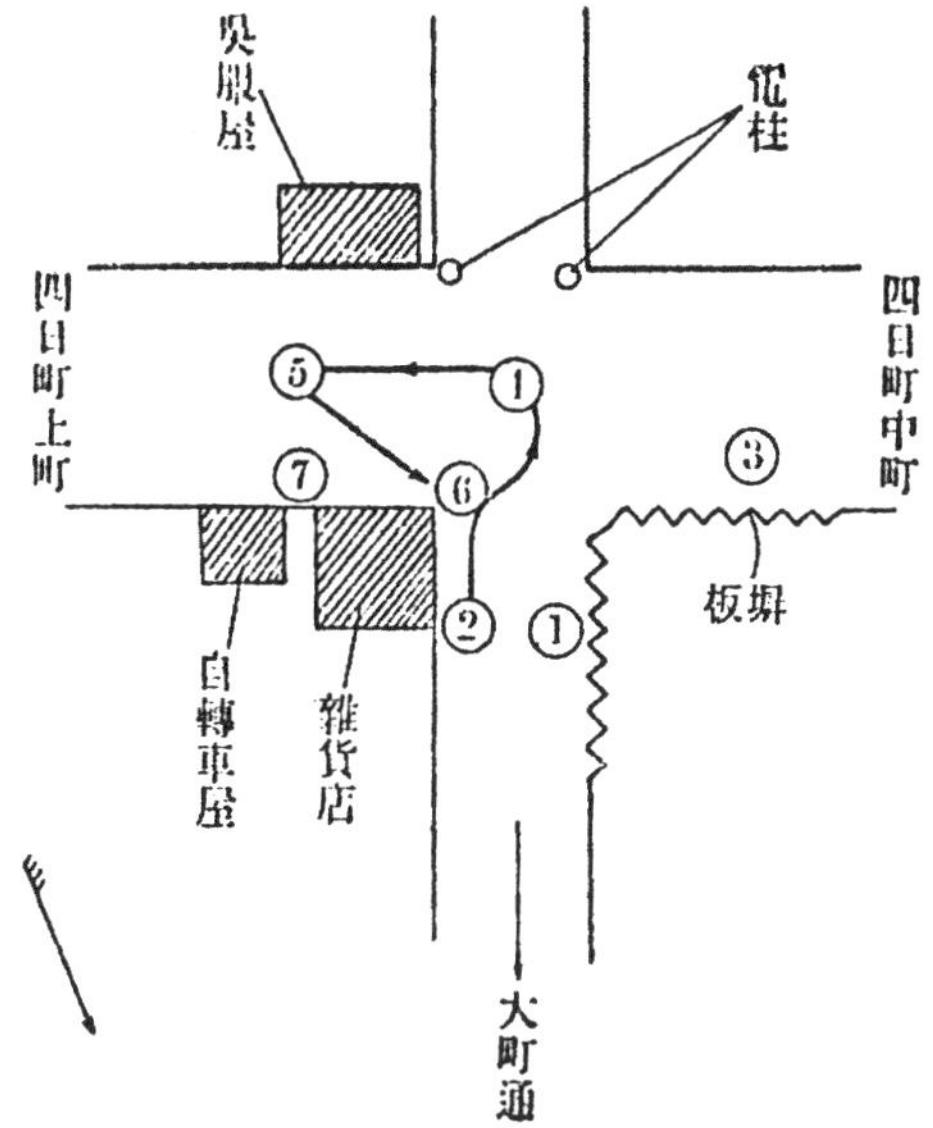

若勢市の動き。「農業労働市場の一型態―秋田県横手町の若勢市―」より

である。でもこれはさしたる意味があったわけではなく、太陽光線のあたり具合で、市場が野天であることから日陰にまわったということかもしれない。

若勢市に現れた若者の人数はまだ確かな統計はない。大体一〇〇～一五〇人、この年の稲作の豊凶によって増えたり減ったりする。一般に近年は若勢がきわめて少なく雇主の方が多い傾向にある。今年の若勢市の午前八時ころには、若勢五、六人に対して雇主は二、三十人のありさまで、雇主の方が非常にあせっていた。

これは平鹿地方の今年の稲作がよかったからである。

つぎに若勢市の朝市での町銭のことを書いているが、それについては先に記した（90頁）。

働く若勢

四の「若勢の性質」では十一項目を設け、(1)の「若勢の出身地」では、まず若勢市に最も多く出る山内村について書いている。
山間地帯の山内村の耕地は村の全面積の八パーセント、一戸あたりの耕地はごくわずかで、おのずと農地に対する人数が多くなる。このわずかな耕地の農家は全戸数の八三・七パーセントをしめ、しかも稲作が中心だから冬期はことに労力が余ってしまう。その余った人を消化するための長期出稼ぎと、季節の出稼ぎをしなければならないのは当然だろう。横手町の若勢市に出るのは後者の季節の出稼ぎである。註釈に鈴木倉次の論考を引用している。

山内村の調査によれば、昭和九年度の出稼人総数四八三人、うち男三五六人、女一二七人であるが、実際は総数八〇〇人に達するであろう。この数は総人口の一割を越える。

こうした多い人や余った労力とは別に、農事見習いとしての若勢があった。修養のために優れた親方のいる農家に送って他人の飯を食わせ、一人前の農夫にしてもらう。そうして習得した平鹿地方の農業技術を遅れている山間地帯で活用する。この農事見習の若勢は貧農の若者とはかぎらず、中流農家の者や長男も含まれている。山間地帯では若勢に出ることが、若者を評価する標準の一つになっている。若勢に出ることを「里へおりる」といい、何回あるいは里へ何年おりたということで農人としての箔がつけられる。
(2)は「若勢の被傭先」で、若勢市で雇われた若勢はどこへ行くのか。左図に見るように主と

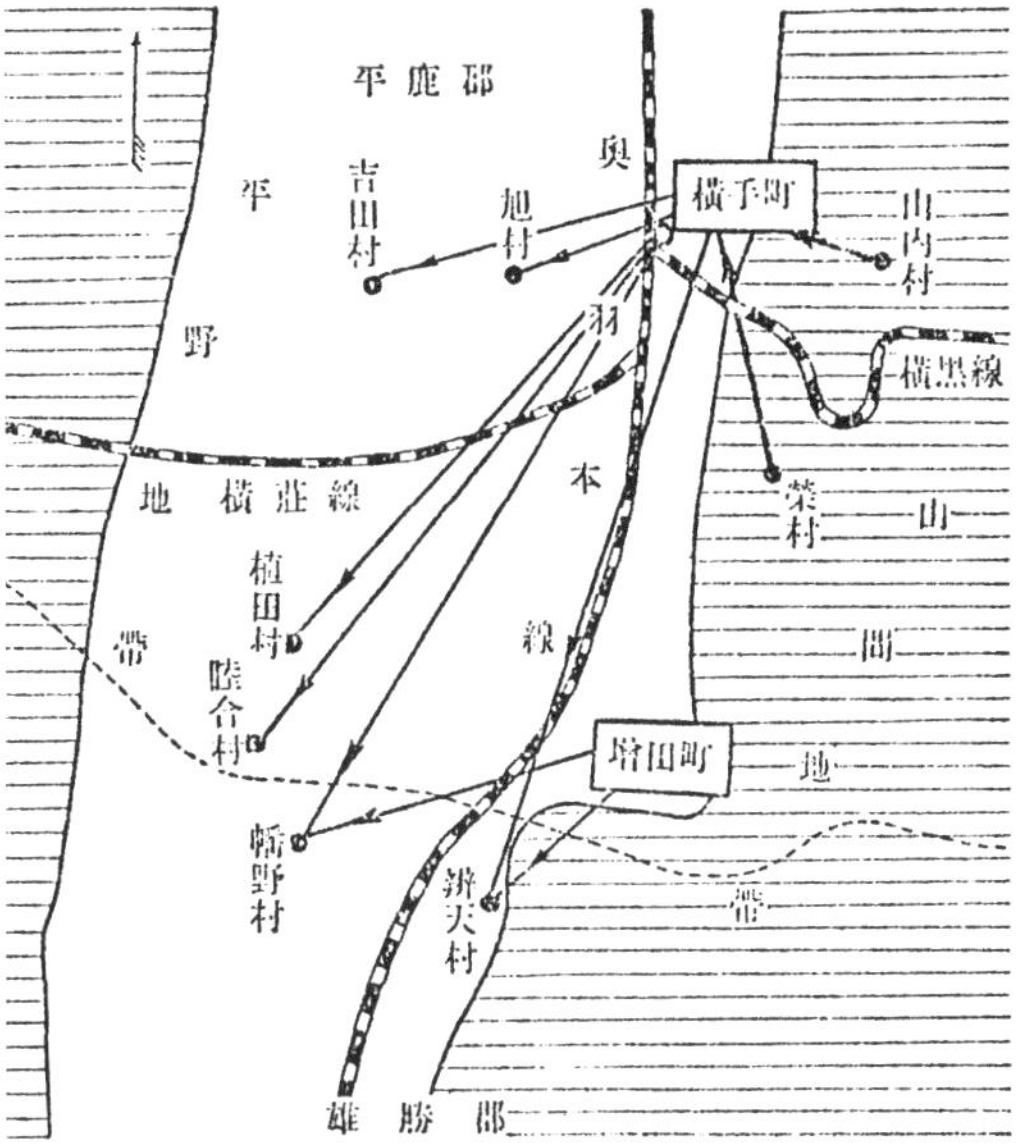

若勢の行先。「農業労働市場の一型態—秋田県横手町の若勢市—」より

して横手町近在の平野地帯で、平鹿郡では吉田村、旭村、睦合村、植田村、雄勝郡では弁天村、幡野村などである。ただ雄勝郡へは増田町の若勢市から行く者もある。

若勢を雇うのは自作地四、五町歩の経営農家が大半をしめる。昔から「土地広く人少なし」といわれたように、平鹿郡の平野地帯は平均して経営面積が大である。四、五町歩以上の経営になれば小作に出すよりも、若勢を雇って手作りした方がよいといわれる。それは第一に小作米不納の心配がないこと、第二に若勢の給金の安いことにある。家族の少ない農家では小作でも二、三町歩くらいから若勢を雇う。こうした農家は稲作専業が多く、秋の農繁期、稲刈りや脱穀調整で若勢に働いてもらう。田植は一般に共同作業の「ゆい」で行なわれ、年雇いの若勢がいれば出る。

(3)は「若勢の年齢」で、普通は高等小学校を卒業して出る十五、六歳からである。二十歳前後が一番多く、三十歳くらいを限度とする。山内村の若勢は三十歳以下が主で、それ以上になると酒屋若勢（雑役など）に出るという。一般に若勢の年齢の若いことは年雇いについてもいわれる。次は秋田県下五十六町村の若勢調査による年雇いの年齢構成である。

	二十歳未満	二十歳以上三十歳未満	三十歳以上四十歳未満	四十歳以上	合計
男	二三一〇人	一八九三人	三四二人	一一三人	四六五八人
女	四九三人	一七一人	二五人	三人	六九二人
合計	二八〇三人	二〇六四人	三六九人	一一六人	五三五〇人

（高野欽一『農業年雇に関する研究』秋田農民文化研究「農民」第一号参照）

若勢市に見えた今年の若勢も二十歳前後が一番多く、最年少は十二、三歳ぐらいであった。この少年は近所の友達と二人連れで、若勢市へ出るのは今回が初めてであるらしく、可憐な姿が人目を引いた。一人で行くのは淋しいから嫌だ、二人一緒に雇って欲しいと希望したが、何せ年少なので中々買手がつかなかった。それでも午前十一時ころになって仲良く一緒に雇われて行った。最年長は二十五、六歳であったが、売れ具合はかんばしくなかった。若い方が素直で雇主は使いよいからであろう。

(4)は「若勢の身分と勤務方法」で、雇う農家が余剰労力商品化に主眼をおくのは二、三男、農事見習いで出る者には長男もある。なお若勢市経由の女若勢はいないが、女年雇も矢張り二、三女が多いようである。勤務方法は、契約期間中は男女とも雇われた農家へ住みこみである。
●［若勢市経由の女若勢はいない］と書いているが、それは調査が秋彼岸の若勢市だったからだろう。また藤田秀司の「東北のワカゼ」（11頁）には、通いなどの若勢の呼称もあるが、それは戦後の変化だったのだろうか。
(5)は「契約方法」で、若勢と雇主との直接交渉で契約する。鈴木倉次の論考には、仲介人の周旋による場合が多いとあるが、今年の若勢市にそうした仲介業者は一人も見当らなかった。ただし若勢市を経由しない若勢、特に女若勢を雇うときは親戚、知人の仲介によることもある。

正装の若勢。「農業労働市場の一型態―秋田県横手町の若勢市―」より

若勢市での契約方法は、まず若勢市が開かれる路上に雇主たちが待ち構えている。そこへ若勢が三々五々集まってくる。雇主は若勢の身体、服装、言語、態度などを見比べて、これはと思う者のところへ行って談判を始める。若勢の方から買ってくれとは決していわない。雇主と若勢が路上を行きつもどりつ、あるいはたたずみ、その間に以心伝心、雇主が若勢に

声をかける。
「お前、若勢を売るのか」
あるいは
「おれの家へこないか」

若勢と交渉中。「農業労働市場の一型態—秋田県横手町の若勢市—」より

と口をきき、反応があると見ると雇主はまず自分の住所を語り、それから若勢の住所と氏名、年齢、若勢へ出た回数、馬を使えるかどうかをたずねる。若勢は口数少なく、ただ問われることに簡単に答えるだけである。これが第一の交渉で、見込みなしと思うとまた別の若勢をつかまえて話しかけるし、若勢の方も気が向かないときは他へ移ってしまう。双方脈があると見るや雇主は自己の農業経営の大要を話し、仕事の性質、牛馬の有無、休日などの条件を持ち出し、その上で大体これこれの給金を出すがどうか、と最後の切札を出す。若勢は期待する給金の額でなければ笑って返事をしない。そこで二人は微に入り細に入り語り合って給金の折り合いをつける。あまりぐずぐずしていると、他の雇主が横から「おれの

契約が成立した親方と若勢。「農業労働市場の一型態―秋田県横手町の若勢市―」より

ところでは○○出すからこないか」と誘うこともある。若勢はすぐには諾否をいわず、幾人かの雇主のつける給金、経営規模、待遇などを比べて考えた上で、気に入った雇主に買われる。こうして雇主も若勢も満足して雇傭契約を結ぶ。契約が成立すると雇主は若勢の手を取り、または肩をたたいたり抱いたり、組んだりして親愛の情をを示し、まわりの人に契約成立を誇示しつつ睦まじく若勢市を去って行く。契約は口頭だけで、文書で契約書を取り交わすことはないようである。かくて二人は近くの、主に朝市の呑屋（飲食店）にはいる。そこで契約固めのしるしとして酒を酌み交す。下戸の者、あるいは年若の者にはウドン、ソバ、シルコ、平鹿名産の葡萄《ぶどう》などをご馳走する。これが一種の手打酒で、ちょうど時刻は昼近くである。くつろぎながらさらに細かな打合せをする。たとえば何日から働きにくるか、多くは二、三日後だが即日もある。一般に前借は許されないが、身元の確かな者や、事情によってこのとき多少の手付金を渡すこともあるらしい。昔は雇主の方で、若勢が契約を

破棄しないように、若勢の帯やケラを証拠品として持ち帰ったという。

この手打酒を交わす呑屋が朝市の飲食店で、昔その近くで若勢市の開かれた善治茶屋は当時の呑屋であったし（現在は魚屋）、今年の呑屋で一番繁盛していたのが善治茶屋の近くにあり、しかもそばに朝市が立っていたことからしても、若勢市と朝市の密接な関係がうかがわれる。

(6)は「契約期間」で、三十日の若勢は稲刈り農繁期の三十日間である。東北地方は稲刈りが早く、横手の年中行事の九月の項に、「廿九日はカリアゲノセックというて餅搗、その他九日に同じ。カリアゲノセックはホエト（乞食）も餅搗という諺があるなどいうて、この節供には農家のほかに餅搗く家が多い」とあるように、三十日若勢は大体これを中心に三十日間雇われる。彼岸若勢は彼岸の中日から旧十二月二十五日まで、年雇（詰そぞく）は丸一年である。若勢市経由の若勢はほとんど彼岸若勢である。

(7)は「労働の範囲」である。若勢の労働（特に男）は農耕に限られ、彼岸若勢または三十日若勢は稲刈りと調整に全力を注ぐ。夜業は一般にさせない。ただし若勢が自らすすんでする場合は若勢の収入となる。したがって働き者は夜業に藁細工などして貯金する者もあるという。

労働は秋の収穫時であるからかなり厳しい。特に三十日若勢はよく働くので給金も長期若勢よりも割高である。たいていの若勢は四時半ころに起きて夜暗くなるまで働く。中には一日の仕事の分量を定め（これを割果《ワッパカ》という）、それをすませば自由という農家もあるが、眼の見える間を働くのが通例である。

女若勢は農作業にも出るが家事や子守が多い。横手地方の御手玉唄に、「二はたんもれ二はたの何よ、奉公人こそ庭はくものよ、わしや庭はかんとちょっとさのかわいな」とあり、また子守のつらさについては次の子守唄にもある。

一にひどいのは子守の役よ
二ににくまれて
三さばかれて
四に叱られて
五にごつかれて
六にろくた物食わせられぬやで
七にあしなど洗わせられて
八にはたかれて
九にくどかれて
十に遠くさえて（行く）だませとゆわれて

(8)は「休日」のことで、休日はたいてい村々で決められていて、土曜日休み、また五日働いて一日休むところもある。それを「五分一」という。労働が激しいだけに休日は晴雨にかかわらず確実に守られる。その休日に自分の仕事をする若勢もある。主として藁細工で全て自分の収入となる。先の夜業と休日の内職で、給金以外に相当の現金を持って帰る若勢もいるそうである。

⑼は「給金」で、三十日若勢で四斗俵玄米二～三俵、または三斗俵三俵、彼岸若勢で四斗俵四～六俵、年雇で四斗俵玄米十～十二俵、平均月一俵である。いずれも現物の給金であるが、三十日若勢にかぎって現金二十円前後のこともある。一般に年雇の若勢には給金以外に小遣い、仕着せなど年平均三～五円給与されるが、若勢市経由の主に彼岸若勢には与えられない。

食事は雇った農家持ちで給金以外である。一人前の若勢で主副食合計一日玄米一～一・二升、換算して三〇～四〇銭と見積られる。おおよそ給金と同額ほど食べるという。「わかぜ（下男）に食わせた物はすたらぬ」というように、若勢はよく食い、かつよく働くのである。

⑽は「契約破棄の処置」で、契約を途中で破棄する場合は、前借なら日割で給金を契約した農家に返し、後払いなら日割で働いた日数だけ給金を若勢に渡す。病気で二、三日くらい休むのは農家の負担となる。もし長引くときは実家へ帰り、代人を立てるか給金を日割で差引くが、横手あたりでは病気、その他の事情で休んだり、契約を破棄したりするようなことはないということだった。

⑾は「雇傭完了後の関係」をあげている。『續横手郷土史』に、「若勢（年雇）が同一の農家に数年も雇われていて、あたかも家族の一員の如く今尚主家の為に尽くしつつあるものも稀ではない」と記されているが、これとて古い身分的な主従関係を意味するものではない。若勢市経由の若勢はそれよりもさらに自由で、雇傭完了後は完全に無関係となる。小作させるとか、

親分子分の関係は一切ない。若勢は年ごとに異なる雇主へ、しかも給金の高い農家に雇われて行く。これは近代的労働者に近いものと見て差支えあるまい。

調査のまとめ

五の「若勢の特質と将来」で調査をまとめている。

一見すると若勢市は人身売買ないし奴隷市場の感を与えるかも知れない。しかし若勢市は人間という有体物の売買ではなく、実は商品としての労働力の市場である。このことは当事者も横手地方の郷土史家も強調している。

第一、若勢市は普通の雇用契約が、便宜上一定の場所で一定の時間に行なわれるにすぎない。大山順造は「生きた人間の市場といえば変だが、この契約形式は一般に行なわれているものと少しも違わず、ただこれが路上で結ばれるというところに特殊な感じを受けるのみ」といっている。

第二、若勢市における雇傭契約は、雇主と若勢との直接交渉で、一方的な行為ではなく、双方対等の地位にある。若勢は商品としての労働力であり、同時にその所有者である。労働力を商品として販売するのみで、肉体そのものは売らない。この点、自由を失った奴隷とはあきらかに違う。

第三、若勢が奴隷と異なり労働力を売るだけであることは、若勢の性質を見ればおのずとわかる。若勢は古い身分的な主従関係にはなっておらず、まったく新しい農業の賃労働力と考えられる。

第四、未成年者の多い若勢市において、雇主と若勢の直接雇傭契約の終結は、現行民政上の契約違反ではないか、との質問に対して、平鹿郡農会の回答は、

若勢ガ未成年者ノ場合ト雖モ入市ニ先ち親権者ノ承諾ヲ得テ入市スル故契約違反トナラズ、実際ハ親ヨリ進ンデ出席セシムル場合多シ。会話ノ例（標準語ニ直シテ）

親「例年ノ様ニ今年モ若勢市ニ行ッテ下サイ。給料ハオ前ニ任スルヨ」

若勢「ヨシヨシ行ッテクルヨ」

かくて若勢市は奴隷売買のごとき古い市場ではなく、むしろ近代的賃労働市場の一種と見るのが至当である。ただそれが地方農村の慣習であり、かつ近代的市場のごとき形式的組織も取締りも行なわれないので、外見は非常に古いものと思われる。若勢市は正に新旧両面を有する得意な農業労働市場と考えるべきてあろう。

若勢市が単なる人身売買でないもう一つの理由として、若勢市を通して若勢、雇傭双方が便利と満足を得ていることかあげられる。鈴木倉次氏の調査による若勢に対する若勢と雇主の感想を示すと、

若勢側

1　経済上の利益

2　若勢として他家へはいることは自分の修養になる。
3　若勢生活は規則が正しから、健康上、衛生上で有利である。
4　仕事の見習いができる。
5　若勢の経験を得て初めて一人前の男と呼ばれる村の習慣なので、むしろ名誉と心得る。

雇主側

1　若勢の気質の愛すべきこと。
2　健康の勝れた者多く忍耐心の強きこと。
3　実直で従順なること。
4　若勢は農繁期にのみ雇い得るから極めて都合のよいこと。

『續横手郷土史』にも、「農家に雇われ居る労働者（一名わかぜ）は大概年雇にして能く雇主の為め働くを以って、雇主も之を奨励して仕事に努力せしめる等頗る良好である」とあるように、雇主は若勢を歓迎し、若勢は若勢市を通して雇われることを喜び、双方とも若勢市をを信頼しているようである。かつて横手町の職業紹介所主任が、売れ残りの若勢に向かって紹介所を話し、有利な仕事を世話してやるから来るように勧めたが、一人も紹介所の門をくぐらなかったという。現在でも地主から奉公人を紹介所へ求めて来るが、若勢側からは一人も若勢志願の申しこみはないとのことである。

この若勢が大体二十歳前後を中心として、三十歳以上は珍しいとするなら、若勢を辞めた後は一体どこへ吸収されるのだろうか。

第一、農事見習いの意味で出る若勢は自家の農業に従事する。若勢に長男の含まれている理由はここにある。

第二、里（平野地帯）へ養子となって片付く。前述の雇主の感想にもあるように、若勢が実直で良く働くから農家では歓迎する。

第三、湯沢地方へ酒屋若勢となって行く。これは純然たる賃労働者である。

第四、鉱山、土木など長期出稼ぎに出る。そして各地に居着きの労働者となる。最後に秋田県一般の傾向として、若勢は年々減少する傾向にある。それは若勢の出身地において過剰労力の増大が、賃金の安い農業労働者よりも、賃金の高い遠方への出稼労働を余儀なくさせるとともに、若勢の雇われる稲作の専業農家が経営の合理化を計り、雇傭労力を排除するためである。そのため若勢市を経ての若勢も将来は減少する運命にあるとみられる。しかしこの若勢は主に彼岸若勢で季節労働者なので、また農事見習とともに雇主に歓迎されている点からみても、年雇いと同じように急速に減少するとは考えられない。

現在においてもこの風習がないとすれば、雇用者も被雇用者も不便を感じるようになるから、当分は廃されることはあるまい。ただ遠隔の地への出稼ぎが増えるにしたがって、今後これがより盛んになることはあるまいと思う（大山順造氏）。

若勢ではないが、若勢を思わせる若者たち。秋田県湯沢市。昭和30年代。
撮影・佐藤久太郎

すなわち、横手を中心とした平野地帯の農業経営の組織が大きく変わり、雇傭労力を必要ないものとするか、あるいは山間地帯の過剰労力、余剰労力の賃金化が農業以外の職種に急激に、かつ大量に行なわれるようにならないかぎり、この古くてしかも新しい横手の若勢市はなおしばらく、阿櫻城と呼んだ横手城下にその特異な存在をつづけるのであろう、と稲村文夫はしめくくっている。

少年時代を横手で過ごした須藤は、昭和二十代前半の横手の朝市によく行った。すでに若勢市はなかったが、簑ケラに藁沓、頬被りの若者にはしばしば会った。

朝市では言葉巧みに、何やら怪しげなものを売る香具師《やし》のそばに何時間もいたりした。不思議な空間だった。

城山から見おろした明治時代の横手町。絵葉書

横手の朝市で自家の野菜を売る。昭和44年（1969）2月　撮影・須藤　功

横手の朝市の竹細工店。昭和44年（1969）2月　撮影・須藤　功

庄内地方の若勢

山形県の日本海に面した、現在の鶴岡市、酒田市を中心とした庄内地方は、稲作地帯として広く知られる。ここでも稲作を中心とした農業は江戸時代から若勢によって支えられてきた。同じ若勢でも秋田県の若勢の形態と少し違うところもある。たとえば「押休み」は若勢が密かに連絡を取り合って休日を親方連に要求したものである。「土洗い」は秋の収穫が終わったころ、若勢宿などで飲み食いするもので、二夜三日つづき、酌婦を呼ぶことも珍しくなかった。その費用は若勢の実家の親父が出すことになっていた。同じような女たちの休日を「芋桶洗いと」といったなどの記録は、秋田県には見あたらないようである。

それについては後述することにして、まず『ものがたり余目誌下巻』に掲載の遠藤祝氏の記録、「若勢奉公・出稼ぎ体験記」を記す。現在、余目は山形県庄内町。

きつい奉公

私が若勢奉公したのは、昭和二十二年七月からで、十九歳の時である。私の家は非農家で、それまでコンクリート屋で働いていたが、なにしろ食い物が不足で昆布や黍の粉などが主食として配給された時代である。

このころ一緒に働いていたAさんから「若勢に行かねが。腹一杯飯は食われるし、この節、若勢ほどよいものあろばや」と誘われたのがきっかけで、廻館《まわたて》の三本柳の菅原豊作さんの家で働くことになった。最初の仕事は手取除草であったが、私は稲と稗を見分けることも出来なかった。菅原さんは仕事については厳しくて、一寸の手抜きも見逃さなかった人であったが、馴れない私には手取り足取りで、稲刈・稲返し・ひけし（脱穀調整）・俵結などの作業や、草履・雪沓の藁仕事などもいろいろ教えてくれた。

しかし、馴れない仕事は大変で、飯は食えるがきつかった。私は最初の年の稲刈りでは若勢のノルマの百二十を刈るには遠く及ばなかった。ところで菅原家は豊作さんの病死で田圃を親戚に委託したので、私は翌年から前田野目のMさんに年白米八俵の給金で奉公した。そしてこの後、時々奉公先を変えながら十五年間の若勢奉公をつづけた。

戦後とは言え、当時、若勢は再下層の者と見られ、雇主やその家族には絶対服従を強いられ、言葉づかいにも気をつかった。礼儀作法も仕込まれ、食事も食べ物の好き嫌いなどのわがままは許されなかったし、出来るだけ早く食事を済ませるものだと教えられ、のんびりと食事を楽しむことはなかった。

当時の若勢で、未婚の者や他の部落から来ている者の多くは、雇主宅の土間にある厩舎《きゅうしゃ》の真上の屋根裏の部屋や、母屋から離れた稲蔵などの部屋（「とまや」と呼んだ）に寝起きしたもので、屋根裏の部屋などは朝飯を炊く前に起きないと煙で寝ていられなかったものである。

若勢は朝早く起きると、夏は馬の草刈りや畑仕事・庭掃除・堆肥づくりなどやり、牛馬を飼育している家ではその手入れなど済ました後に朝飯を取った。

朝食後の七時半頃には田圃で作業を開始し、九時半頃に一服休憩の後、十一時過ぎに昼上がりをし、十一時半頃昼食を済ませた。一時間位昼寝をした後、午後一時に田圃に出かけ、三時頃に一服休憩し、五時頃に田圃から上がって家に帰り、牛馬の手入や庭掃除など宵仕事を済ませて夕食というのが慣習であった。冬は朝起きると朝食までの間は土間（「にわ」と呼んだ）や稲蔵などで藁すぐりや藁打ちなどの仕事をした。若勢が朝仕事や宵仕事をしなくても良いというのは、一年のうち正月の三ヶ日間とされ、後は日曜祭日であろうと、どんな時でも朝夕の仕事をしなければならなかった。

農作業の基準

ところで仕事のことであるが、米作りは八十八回手が掛かると言われるように、仕事は春から秋にかけて、苗代起し・苗代ならし、種蒔・育苗・馬耕・返し・砕土・小分・代掻・田植・除草機二回・手取除草二回・分施・稗取り・稲刈・稲返し・稲揚げ・脱穀調製・入庫とつづいた。冬は俵編み・桟俵編み・縄ない・堆肥運搬などが主な仕事の中で、力のいる仕事が若勢の分とされていた。

農村には大正四年に余目町農会が決めた、次のような農作業一人一日の基準があって、これができなければ一人前と認められなかった。
①馬耕一番起しは二反歩・返しは三反歩・四番畦分けは五反歩。
②馬代掻は五反歩。
③田植は一反歩（正條縄植）
④除草は一反歩（雁爪打も同じ・四番まで）
⑤稲刈・刈掛は百束・畦掛百十束。
⑥藁細工は太縄十二把（一把三十尋）・中縄十三把・肥俵編三俵・俵編縄四百尋・俵編十二俵・鞜俵編十三俵・草履十二足・草鞋十二足（若干省略）。
ところで、このノルマを達成することをワッパカと言ったが、最初の二〜三年間は夢中で働かなければならなかった。このノルマは冬の朝食までの藁仕事にもあって、寒い朝でも汗の出るほど頑張らなければならなかった。しかし、仕事のコツを覚えてノルマを達成した者は、早く仕事を止めてもよいとされていた。このため秋の稲刈では腕の立つ若勢は朝暗いうちから出かけ、午前中を夢中で働き、昼までにワッパカをすませると、昼食後は着物を着替えて村はずれの橋などにたむろして遊びながら、腕前の良さを誇示したものであった。

若勢の労働条件は前時代的なもので、若勢奉公の掟の中には、農繁期・農閑期など関係なく病気や怪我で休む時には、若勢を出した家ではその代わりに家族の誰かが雇主の所に働きに出なければならない「替」というものがあった。このため若勢は少しの病気では休むことはできなかった。

若勢時代に楽しかったことは、正月・花見・お盆・土洗いの四回であった。この時には雇主からお小遣いが貰えるためで、それも予想過分に貰った時の喜びは格別なものがあった。また、餅の好きな私にとって、正月・彼岸・節句・草餅正月・早苗振り・お盆・秋の彼岸・刈揚げなど、何かにつけて餅を搗いて食べさせられるのがなによりであった。

また、若勢宿のことであるが、どこの部落にも若勢の溜り場があった。それは普通の民家の好人物の家で、夜や休日の時に集ったのである。何といっても食い盛りの若者にふさわしく、ここの宿ではみんなで何か美味いものを食べるということで夢中になった。あるときターゲットにしたのは、若勢宿の本家のMさんの苗代の畦畔の枝豆であった。私達は夜になって月明りを頼りに四人で、一人ずつ稲に隠れながら枝豆の木から莢だけをもぎ取り、笊一杯にして帰り、若勢宿のお婆さんにゆでてもらって食べたこともあった。

初めての馬耕

また、つらかったことの思い出には、昭和二十五年に初めて馬を使った時のことである。Tさんの家との雇傭契約では馬を使う約束ではなかったが、春先に馬使いの主人が体調をこわし

山形県内で早くから普及した庄内地方の馬耕の絵馬。山形県鶴岡市・熊岡神社。撮影・須藤　功

て休んでいてので、やむなく馴れない私が馬使いをすることになった。

　私は馬耕から代掻まで全てが初めてなので大変の連続で、馬使いの苦労を初めで知った。しかし幸いなことに馬の方が私より仕事を知っていたようであった。それでも足や体が馬について行くことができずに、毎日泣きたいほどであった。ついに代掻にはいった頃はくたびれて足が上がらなくなった。朝も起き上かせることができずに田植になっても、私は若勢のくせに朝の苗取りせずに朝食まで寝かせてもらつた。それだけに代掻が終わった時の安堵感は今も忘れることができないほどである。それでも二年目になったら不思議なほどに苦労もなく馬を使うことができた。

　昭和二十九年からは、福島のMさんのところに鍬頭若勢として働いた。耕作面積は二町歩足らずであったが、家畜商まので春は馬耕・代掻は耕転機で賃耕してもらったので、私の仕事は楽だったが鍬頭だったので、田圃の上作不作に責任を持たなければならなくなった。このため栽培技術も勉強しなければと先輩などから、いろいろ教えてもらった。それだけに上作の喜びはひとしおであった。

こうして若勢として、昭和三十六年まで働いた。この間いろいろ奉公先を替えたが、当時の若勢の勤めは十二月末の交代で「出替り」と呼んでいたが、この時、若勢は新しく奉公する家に、草履と雪沓などを二足作って、それを土産がわりに持って行く風習があった。それは雇主に藁仕事の腕前を評価してもらうためのものであった。私は藁仕事が下手だったので、一度も持参しないでしまった。

なお、私は最後に余目町のT家で働いたが、その時の給金は食事付きで年十万円であった。その頃の日雇いの賃金は四百円から四百五十円で、米価は六十キロ一俵三千九百円であった。

（遠藤　祝）

田植を終えたころの鳥海山。平成20年（2008）5月　撮影・須藤　功

『善治日誌』に見る若勢

生家と善治

『善治日誌』は、庄内地方（山形県）の村で若勢から大百姓の戸主となった一農民の善治が、明治二十六年（一八九三）の旧正月元旦から昭和九年（一九三四）の大晦日まで、四十二年間にわたって書きつづけた日記である。これに昭和六年（一九三一）の旧正月元旦から同じ昭和九年の大晦日まで記した『若勢日記帳』もある。これは若勢から婿養子になった農家で、善治が戸主（親方）として雇った若勢の日々の農作業などを書いたものである（以下『善治日誌』を『日誌』と記す）。

日誌を書いた善治。豊原研究会編『善治日誌・上』より

十五歳のときから日々の天気と農作業のこと、まわりの人の動きなどを和紙に毛筆で簡潔に書いたこれらの日記は、昭和五十二年（一九七七）二月に豊原研究会によって活字化、農業総合研究所より出版された。その前年に同会の八人の研究者

によって、善治と関わりのあった人たちの聞き書きを加えた、『善治日誌・解題』を発刊している。本項はこの解題を参考に記載する。

善治は明治十一年（一八七八）一月に、飽海郡豊原村（現酒田市）の屋号を「勘助」といった伊藤巳之助の二男として生まれた。豊原村は日本海側に面した、北方に鳥海山を仰ぎ見る庄内地方の米どころで、日誌に「鳥海山ニ初雪降ル」、「今日西方ニ龍巻現ハル」などの記載がある。善治は若勢としての生活も婿養子もすべて農家二十二戸、非農家一戸のこの豊原村で全うした。

善治には兄一人、弟二人と妹が三人いた。それに祖父母、父母、叔父という、当時のごく普通の農家である。耕地は多くなかったが飢えることなくどうにか食っていけた。それが明治二十年（一八八七）前後に足の不自由な兄が農業はできないことと、親類の借金の連帯保証人になって負債をかかえたこと、高齢になった祖父母が田畑に出られなくなったこと、叔父が家を出たことなどで一挙に労働力がなくなり、農家としての勘助家は解体への危険をはらむことになった。そのため善治は明治二十二年（一八八九）に小学校高等科を一年で退学し、十一歳から生家の農作業に専念する。

連帯保証人の負債は水田を売ったり質入れして対応、小学校の先生になるために勉強をしていた兄は、明治

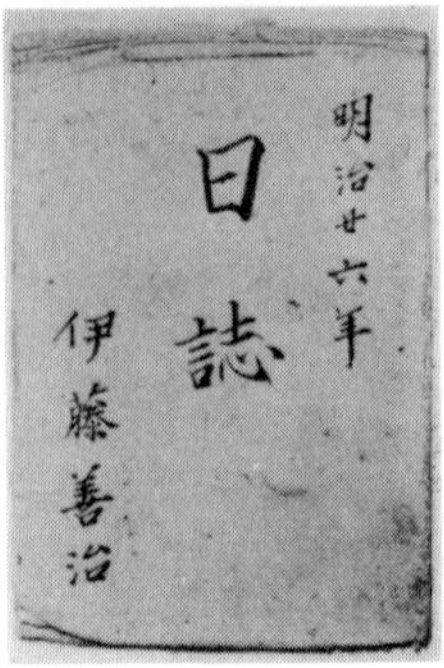

豊原善治の最初の日誌。豊原研究会編『善治日誌・上』より

二十五年（一八九二）八月から准訓導として小学校に奉職が決まった。そうしたことなどで、勘助家は解体の危機から抜け出られるめどが立った。勉強の好きだった善治は、農作業に追われながらも兄の影響下で文字に親しみ、それが日誌を書きつづけることにつながったのではないかとされる。

明治二十六年（一八九三）の「二月十七日正月元旦快晴風ナシ休業吹山等ニ散歩ス」で始まる日記は、病魔に襲わて筆をおく五十六歳までの善治の労働と、明治・大正・昭和の庄内地方の農業の様子を知ることができる。『日誌』は旧暦の月日で記されているが、最初の書き出しに二月十七日と新暦の月日を添えている。

善治は生家の農作業の主力となって田打から庭仕事までこなし、冬は藁仕事、夏は山仕事に精出し、さらにその合間を縫って村内の大百姓の家に出向いて手間稼ぎをしている。明治二十八年（一八九五）五月には秋田県金浦町（現にかほ市）に一週間行き、次のように四戸の農家の田植に雇われている。（ ）内は新暦。

十八日（六月十日）快晴北風少シアリ
由利郡小出村樋目野字百目木十五番地戸蒔三四吉（邸）宅ニ行ク
十九日（六月十一日）先ヅ快天十一頃ヨリ雨降り午後又々晴レ北風アリ
苗取午後田植

廿　日（六月十二日）曇天又々雨降リ午後先ヅ晴レ西風アリ
　田植
廿一日（六月十三日）先ヅ快天北風少シアリ
　田植晝オレ少シ苗取日暮前川ニ遷ル
廿二日（六月十四日）快晴朝ハ曇天北風少シアリ
　田植金浦村前川四十六番地齋藤儀内、元ハ徳兵衛
廿三日（六月十五日）曇天朝ハ雨少シ降リ日暮前ヨリ又雨降リ段々大雷雨天西風ケ
　田植同村須田与市郎元ハ治助
廿四日（六月十六日）先ヅ快天西風アリ
　苗取午後田植同村十八番地齋藤儀兵衛
廿五日（六月十七日）快晴西風少シアリ
　家ニ帰ル

善治が十七歳のときだが、これについて解題では、明治時代の庄内で、働く場所が村内から他郷に広まっていること、人々との交流を通じて新しい農業技術の習得につながったとする。

一方、この田植手伝いの賃金は記されていないが、家を助けるためだったのは確かである。兄が明治三十年（一八九七）に結婚する前後から、善治は他家に住みこみの若勢となって生家

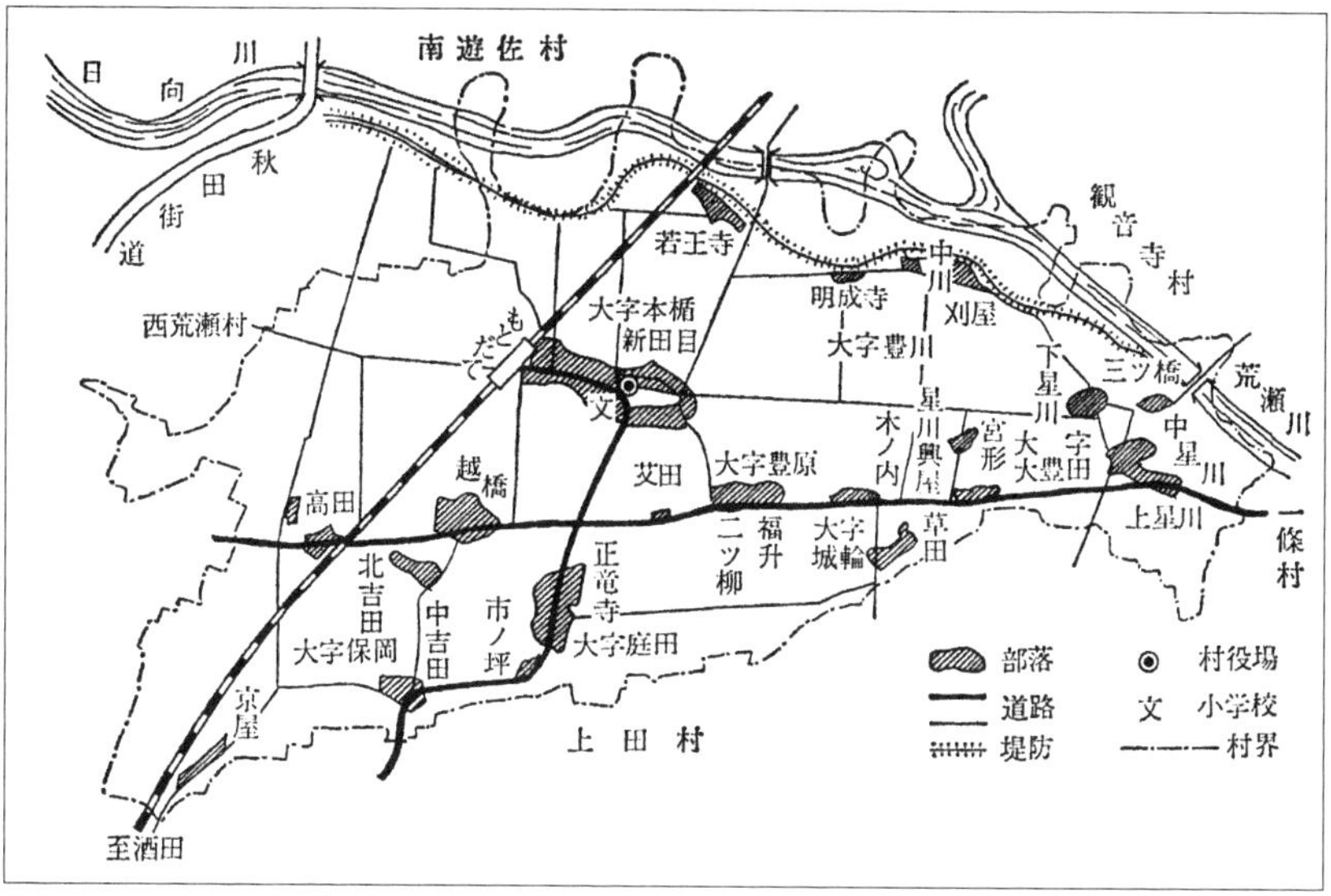

善治のいた豊原周辺図。『善治日誌・解題』挿図

への援助をつづける。それは勘助家が解体から抜け出る一助となるが、善治が十代の初めから働きつづけた生家での農業から離れることでもあった。

庄内の乾田馬耕

善治が満十八歳で最初に若勢として住んだのは作助家で、明治二十九年（一八九六）十月の初めに、「十月三日ヨリ作助若勢翌年十二月廿四日迄」とあって「三日（十一月六日）曇天東南風午後雨天西南風アリ是ヨリ作助若勢干田打ツ」と書いている。

豊原村の旧家の作助家では、当時すでに湿田を乾田（干田）にして馬犂で田を起す、馬耕をしていた。ただ善治がこの馬耕をしていたかどうか、日記から読み取ることはできない。

「肥散ガス馬モ少シ引午後干田砕キ馬打ツ直シ……」などの記載はあるのだが。

　これが出替わりした市十郎家では、「馬テ田打ツ」、「馬テ田砕キ」なとどと書いている日が明治三十一年（一八九八）三月の日記に見られ、善治が馬を使える若勢になっていたらしいことがうかがえる。

　前にも記したが、江戸時代の東北地方の田のほとんどは、いつも水があってぬかるんでいる湿田だった。土が柔らかいので人力による田起しは楽だったが、草取りや稲刈りは大変だったし、酸素不足や肥料の浸透が遅くなって稲の成育をわるくした。田植は坪（約三・三平方メートル）あたり苗二十余株と少なく、一反（約十アール）あたり収穫量は三俵に満たなかった。現在は平均十俵だからきわめて少ない。湿田でこれ以上の収量は難しく、そのうえ天候不順によってすぐ凶作、飢饉となった。

　明治時代になるとこうした湿田を改良するため、各県ごとに乾田とそれにともなう馬耕が推進される。山形県の取組みは早く明治十年代にも多少あったが、県内で最初に福岡県から二人の馬耕を招いたのは西田川郡勧農会、明治二十三年（一八九〇）のことである。しかしこれはよい結果が得られなかった。雪もなく気候風土の異なる福岡県の農法をそのまま移したものだったからである。西田川郡勧農会は二人を解雇するが、これは乾田の作業に影響し、西田川郡の湿田のほとんどが乾田となるのは明治三十六年（一九〇三）ころだった。

　西田川郡北部の飽海郡（庄内地方）では、明治二十四年（一八九一）に福岡県農業試験場勤務の伊佐治八郎を飽海郡稲作改良実業教師として招いた。郡内五ヵ所に模範田を設け、稲作改良、雁爪除草、堆肥製造法、乾田改良、馬耕法の実施指導をしてもらう。初めあまり関心のなかった庄内地方の農民は、伊佐治八郎が秋の結果がひと目でわかるように工夫した模範田を見てから、馬耕と乾田を試みる農家が急増する。

善治が若勢として働いた作助家と市十郎家が乾田馬耕をしていたのは、伊佐治八郎の指導によるものだったと思われる。若勢になる前、善治は明治二十八年（一八九五）に豊原村きっての大百姓だった与助家に手間稼ぎに行っているが、九月二十六日の日記に、「与助干田打ツ馬引く」とあって、与助家ではすでに乾田馬耕を行なっていた。

伊佐治八郎は明治二十九年（一八九六）十二月に飽海郡の任を解かれる。それを待っていたかのように日本一の大地主だった本間家が迎い入れ、伊佐治八郎は明治三十五年（一九〇二）五月まで本間家の農場で稲作改良の指導にあたる。

伊佐治八郎が福岡県から持ってきた農具の額。山形県酒田市・日枝神社に奉納

飽海郡からの要請に伊佐治八郎を推薦したのは、種籾の「塩水選種法」を完成させ、のちに東京農業大学学長となる農学者の横井時敬である。伊佐治八郎は、横井時敬が福岡県農学校教頭や福岡勧業試験場長だったころに指導を受け、科学的な理論による横井時敬の農学を素直に受け入れていた。招かれた飽海郡での伊佐治八郎は、農民の質問にていねいに、しかも実践できるように答えた。それは横井時敬の農学を基礎に、伊佐治八郎の人柄を重ねたものだったようで、赴任した年にもう人々の信望を得ていたといわれる。

三〇〇〇町歩（三〇〇〇ヘクタール）を越える、広大な田地を持つ本間家が伊佐治八郎を迎えたのも、確かな実績をあげていたからである。本間家ではその指導のもとに小作人に農耕馬を買うための貸与金を用意し、乾田馬耕を勧めた。応じない小作人には耕作地を貸さないこともあった。

丹蔵家の若勢

若勢としての善治は作助家で一年二ヵ月、市十郎家では一年だったが、三軒目の丹蔵家では明治三十一年（一八九八）十二月二十六日（新二月六日）から七年つづけ、明治三十七年（一九〇四）九月に同家の二女鉄代（本名は吉江。鉄代は幼名だが日記にはこの名で記されている）の婿養子となり、大正十四年（一九二六）に丹蔵家の三代目の戸主となった。婿養子になるについては農家としての丹蔵家の労働力もからんでいた。

丹蔵家の初代多蔵は、江戸時代から明治時代にかけて大百姓だった多右衛門家の三男として生まれた。明治十一年（一八七八）に分家して丹蔵家を興し、豊原村の耕地を少しずつ買ったり耕作権を取得して農家としての基礎を築いたが、それから間もない明治二十年（一八八七）に亡くなった。分家して十年、五六歳であった。

農家の基礎を築いたといっても丹蔵家の農地はまだ少なく、多蔵は「買出し」や油の商いをして稼いだ。「買出し」は農家の庭先から米や藁縄などを買い取って、それを酒田や鶴岡の商人に売る、農民と問屋の間の取り継ぎをする仲買商だった。

丹蔵家が農家として大きく伸びるのは、二代目の与蔵のときである。与蔵は隣村の者だが、働き者としてよく知られ、それが多蔵の目にとまって明治十九年（一八八六）に長女石代の婿養子に迎える。その翌年三月に多蔵が亡くなって三十一歳で二代目を継ぐと、与蔵はその三年後から農地を次々と買って農家としての基礎を確かなものにする。これは多蔵の「買出し」を継いだ与蔵の商人としての才覚と、その十年ほど後に若勢として丹蔵家にはいった善治の働きによるものだった。善治が婿養子なる明治三十七年（一九〇四）ころの兼業部門には、酒類の販売、米運搬、米の賃摺り、縄仲買いなどがあって、その蓄積で田を購入し、耕作地を拡大していった。

この丹蔵家の若勢の給米は十七歳で十俵、十八歳で十二俵とほかにくらべて高かったが、仕事のきつい農家として、「丹蔵で若勢が勤まれば、どこさ行っても勤まる」といわれた。それは与蔵も善治も若勢だったから、きつくてもこなすのが若勢、という考えだったのだろう。丹蔵家の年雇若勢について、丹蔵家の人や同家で若勢をした若い日のことを聞いて書き加え、わかったことを『善治日誌・解題』にまとめている。

丹蔵家の年雇若勢

雇用年(明治)	氏名	年齢	居住	出身	給米	若勢を終えてからの行方
三一年	池田岩吉	一九	住込	城輪		城輪で農業
三二〜三六年	伊藤善治	二一〜二五	〃	豊原		丹蔵家の婿養子
三七年	池田常吉	一六	〃	城輪		酒田へ婿養子
三八年	弥市					
三九年	市太郎					
四〇年	茂吉					
四一年	末吉					

明治四十二年（一九〇九）から昭和二年（一九二七）まで、丹蔵家は与蔵と善治夫婦、鉄代の弟の次郎夫婦、それに末弟の敬四郎による家族経営で、年雇若勢はおかなかった。大正四年（一八一五）に城輪の二十四歳の池田喜代松を、盆過ぎから年末まで「秋そぞく」として住み

こみで雇っている。短い期間だが給米は十二俵だった。

雇用年（昭和）	氏名	年齢	居住	出身	給米	若勢を終えてからの行方
三~四年	伊藤俊夫	一九~二〇	住込	豊原		北海道へ
六~八年	佐藤治郎	一七~一九	〃	中星川	一〇~一二・五	北海道へ婿
九~一〇年	池田由吉	二一~二三	〃	大島田	一〇・五	北海道炭鉱夫
一一年	柴田こういち		〃	庭田	一〇	庭田で農業
一二~一三年	後藤正作	一七~一八	〃	豊原	五	豊原で農業
一四年	丸藤貞夫		〃	越橋	一〇	酒田鉄興社勤務
一五~二〇年	後藤忠四郎	二四~二九		豊原	食いぶちだけ	弱体のため実家で手伝い
二七~二八年	阿曽文夫		〃	八幡町	三	自衛隊
二九~三〇年	村上仁義	定時制高校	〃	升田	食いぶちだけ	自衛隊のち東京で運転手
三一年	佐藤勝雄	〃	〃	豊川	〃	新潟県の洋食器工場勤務

十九歳まで若勢として働いた佐藤治郎は、二十歳の徴兵検査で兵役につき、二等兵から曹長になった。丹蔵家のきびしさにくらべて、軍隊生活の方がずっと楽だったと話したという。

戦後しばらく若勢がいないのは、戦争で男手のなかったこともあるが、次郎の長女徳江に彊が入婿したことで十分ではないが労働力があった。彊は善治のすぐ下の弟健吉の三男である。

昭和二十七年（一九五二）以降の若勢は新制中学卒業で、二人は定時制高校に行っているから夜業はできなかった、というより夜業での藁仕事はもう必要なくなっていた。若勢のあと自衛隊というのも一つの時代なのだろう。

契約後に解約もあった。昭和八年（一九三三）十二月、

廿日（二月三日）［節分］曇天又ハ雨天北風アリ

朝ハ藁シク　柴箒タバレ　午後梅ノ木ノ枝切リ　来年ノ若勢（ヒロシ）ノ實家　上寺（アンニャ坊）ノ人来リテ　給米四斗入十二俵半ノ約定シテ歸ル　二三日後病気の為ノ解約ス

解約後に新たに契約した池田由吉は給米が十俵半になっている。この給米は若勢の出替りの日もしくは数日後にその半分を若勢の実家に届け、残りを年雇いが終わってから渡すことになっていた。昭和六年（一九三一）から書き始める『若勢日記帳』最初に、

昭和六年　壱ヶ年ノ給米四斗入拾俵ノ約定　内米四斗入五俵　四月十日旧二月二十三日治五右ェ門ノ主人（安太郎）ニ渡シ

本楯村大字大豊田旧中星川佐藤治五右ェ門ノ弟　佐藤次郎　昭和旧五年十二月廿六日ノ午後四時頃来リ

佐藤次郎は雇用名では「佐藤治郎」とあって「治郎」が本名らしい。善治は日記でも（次郎）と書いているが、（）は弟の次郎と区別するためだったのだろう。

つぎは昭和九年（一九三四）のものである。

昭和九年　一条村大字大島田池田久太旧名長右ェ門ノ弟由吉　今年ノ給米四斗入拾俵半ノ約定　内　弐俵代八年旧十二月廿八日一俵ニ付八円六十五銭ツヽ重蔵ニ賣リテ　計十七円三十銭兄に渡シ

正月四日　内米四入三俵　兄に渡シ　内半俵分金四円三十五銭　正月五日　若勢に渡シ

契約米の一部を売って現金にして渡している。秋田県の平鹿地方だと前渡しは前借りとなるが、庄内地方にそうした意識はなく、しきたりの一つだった。

日々の農作業

農家の人が農作業に勤しむはあたり前のことで、農作業の種類や農作業以外の雑業や人付合いなども親方と若勢の区別はない。でも農作業の作業量とそれをどのようにこなすかについては、両者に違いがある。

解題の「『日誌』にみる日常生活の形式と主体」（執筆・川口諦）に、日々の農作業とそれにかけた日数なども調べている。

行動種類別年間平均頻度

行動種類	明治三四〜三六年	明治四一〜四五年	大正六〜一〇年	昭和五〜九年	昭和六〜七年
稲作業	一八三	二二九	二三一	一三四	二〇四
畠作業	二六	三九	三五	一一〇	一〇
土造り	二九一	二〇六	一一三	五五	一二三
藁仕事	九七	二二〇	八五	五七	八八
屋敷雑業	八九	一五二	一一七	一六五	二七
諸売買	一六	六〇	一一六	二〇	五
村付合い	一七	二四	三一	四七	三五
家内雑事	七	二七	二四	三七	一〇
休み	八七	五四	五七	八〇	一〇一
合計	八一三	一〇一三	八〇七	七〇五	六〇一

・明治三四〜三六年、善治は丹蔵家の若勢。
・明治四一〜昭和九年、善治は丹蔵家の一人。
・昭和六〜七年、雇った若勢の治郎の記録。

数字は作業の平均頻度である。たとえば明治三十四〜三十六年の年の、年ごとの稲作業の合計日数を年数の三年で割ったものである。

明治四十一年（一九〇八）は善治三十歳、大正十年（一九二一）は四十三歳で男の働き盛りであり、善治は若勢のときより休みを三十日も減らして懸命に働いている。解題を執筆した宇佐美繁は「若勢時代に輪をかけ、地ぼこりをたてて働いた」と書いている。

善治が雇った若勢は休みかぐんと増えているが、善治も昭和五～九年には休みをほぼ昔にもどし、作業を減らしている。これは善治が五十歳を越えたことと、弟の次郎に農業を任せられるようになったためである。ただ畠作業と屋敷雑業は増えている。屋敷雑業には、「松葉サラヒ」、「米搗キ」、「買物」など十種類がある。

『日誌』に見る一年間の農作業の種類は数百におよび、ある程度整理しても七十種を越えたと解題の執筆者は記している。明治四十一～四十五年の農作業の種類と各年ごとの日数と、その五年間の平均を一覧にしている。当時どのような農作業があったのか、その中から三種の農作業内容と明治四十一年、同四十三年、同四十五年の日数と五年間の平均頻度を転載する。

行動種類別頻度

稲作業	明治四一年	明治四三年	明治四五年	平均（明治四一～四五年の平均）
苗代	七	一九	二〇	一六・四
種子	四	四	一	三・二
馬耕・跡直シ	三〇	二六	六	二一・四

畦切リ・削リ・上ゲ	六	七	四	九・二
下肥チケテ来ル	六	三	一〇	六・四
下肥担キ入レ	一二	八	五	八・〇
焼酎粕・大豆粕フリ	三	三	六	三・四
田砕キ・打ツ・平ラス	九	一三	一〇	一〇・八
荒・代撥キ	七	一五	一一	九・八
田植エ	一一	九	七	九・四
田廻リ	六	一〇	一一	一一・二
水・堰	九	一三	八	一〇・二
蟹爪打ツ	七	七	七	一〇・六
草取リ・平ラス	二三	三一	二七	二八・〇
稲刈リ	八	一一	一二	九・八
杭カケ・ハセカケ	四	一二	八	八・四
稲返シ	五	九	四	五・二
稲負イ	八	七	三	六・八
稲扱キ・米ス	四	一〇	七	八・〇
庭	三一	三五	三一	三四・〇

「馬耕・跡直シ」が明治四十五年（一九一二）にきわめて少なくなっている。前年は「二九」とあるが、理由はわからない。最後の「庭」は土間での脱穀・調製作業である。

土造り	明治四一年	明治四三年	明治四五年	平均（明治四一～四五年の平均）
馬ノ草刈リ	七一	六一	四二	五七・八
東山草刈リ	四二	一	一三	一五・八
馬ノ物切リ	四五	三五	二四	三三・四
馬肥出ス	一二	三八	二二	三三・四
肥塚チキ	一六	二六	一九	二一・四
肥負ヒ・引キ	一三	一三	二二	一七・四
肥下シ・散カス	二	一五	四	八・〇
田掘リ・土引キ	一九	七	四一	一八・六

「東山草刈り」の「東山」は豊原村の入会地（共有地）で、若勢はそろって草刈りに行った。「馬ノ物切リ」は馬の飼料の藁などを押切で切る作業。「馬肥出す」は、馬が踏んだ馬屋に敷いた藁などを堆肥にするために出す。

藁仕事	明治四一年	明治四三年	明治四五年	平均（明治四一～四五年の平均）
藁打ツ	八	三五	一四	二一・四
藁スクリ	三七	三四	六二	三八・〇

大樽掛縄綯ヒ	四八	四八	一三	四五・八
大倉縄綯ヒ	四	一四		六・六
ソノ他縄綯ヒ	四三	三一	四三	三八・〇
草鞋造ル	一六	二二	一四	一八・六
履造ル	四	一三	三	七・〇
蓑造ル	二一			八・八
俵編ミ	一五	二二	一八	一七・六
藁具拵ヒ	一四	二二	二五	一七・六

この三つの仕事の平均日数は稲作業二二〇・四日、土造り二〇五・八日、藁仕事二二〇・四日とほぼ同じ日数で、これらが農作業の主体だったことを物語っている。

山仕事と制裁

若勢は夏の山仕事と冬の藁仕事は、親方連中から完全に離れて若勢だけでやった。そうしたとき、庄内地方の家を継いで農業をする若衆（実子若勢）も加わった。若衆は遊びも一緒にした。そうしておかないと、たとえば山に草刈りに行っても仕事を教えてもらえなかったし、山で困ったことが起きても助けてもらえなかつた。馬持ちの若衆は若勢と山へいったから、どこかで若勢に悪いことをしていると山でぶん殴られた。山仕事について宇佐美繁は書いている。

山草刈りは肥草や馬草のための刈干刈りである。善治も治郎も多くは東山の野中へ出かけている。豊原部落の共有地である。若勢連中は朝一時に寝床から抜け出したが、それより小一時間も早く起きて、一升入りのワッパ弁当を用意したのは女達である。善治のときは石代、治郎のときは、ときわであった。隣近所から同じようにして出てくる馬使い若勢連中が勢ぞろいして、時には馬にゆられながら草丸の縄を綯いつつ、東山へ向かった。山へ着くころにはお天ト様がのぼり、すぐに飯にし、昼前には仕事を終えた。そこでまた飯を食って昼寝し、夕暮れまでにムラへ帰り着くのが普通だった。

この山仕事だけは若勢連中の実力の世界で、実子若勢と奉公若勢の区別なく、仕事の達者なものが親方となって、区割を含めて采配をふるった。一日のワッパカ仕事(馬一ダン分)を早く終えることと、それを格好よく丸き馬につけて帰ってきて、ムラの中をネリ歩くことが若勢連中の誇りで、同時にそれは親方達が若勢の品定めをする一つの基準になっていた。

この夏山の草刈りには若勢十人ほどの組ではいり、初日、その中から「親方」を選んだ。誰にするかは事前に三〜四人の候補者をしぼって輪番になっていて、前年の親方に半ば氏名権があった。選ばれた新しい親方は、自分の足で計って十人それぞれの持場を決める。山の広い草刈場を過不足なく平等に分割するのはかなりの熟練を要し、もしずるをしたりすると、「ずるくてやざね（ずるくだめだ）、このやろ」とみんなにこらしめられた。

ワッパカは、秋田県の平鹿地方でもそうだったように、親方がいいつける一日の仕事量で、その仕事をこなしたあとの時間は自由だった。だから若勢は懸命に働いてこなし、自分の時間を持つようにした。つぎは宇佐美繁の聞き書きである。


ワッパカ仕事なので、杭かけを終え次第、田から上がることが出来た。他の働き手よりも少しでも早く田から上がり、風呂へ入ってゆかたがけでムラうちをブラつくのが若勢の誇りだった。

治郎が若勢に入った頃の丹蔵家では、鉄代がごはん仕度や風呂の準備をしていた。ある日治郎が二時頃ワッパカにして田から上がってきたらまだ水風呂だった。〝これから風呂のわくのを待っていては遅くなる！〟治郎はエイッとばかりその水風呂につかってゆかたに着替え、ムラちをぶらついたという

ワッパカとは別のことだが、「糞縄はり」というのがあった。村役などにはよい顔をして、同じ若勢には冷ややかな者、女中に手を出して二人で歩いたり、女中のところに泊まったりする若勢に仕掛けた。「やろどさ縄はるべ」、「どごの便所、一番きたねべ」、「与作のえ、あこは

臭ど」。ということでその一番汚い臭い便所に縄をつけて、狭い小路に横張りにして、まだ電気のない真っ暗闇をやってきたけしからん若勢を、その縄に引っかけて糞まみれにするのである。よくこの「糞縄はり」に掛けられて、「とてもこんな村にはいられない」といって、暇を取って帰った若勢もいたという。

一年の休日

しっかり働くためには、体を休める休日も大事である。それは年間を通して一定の日が、ことに若勢の休日はきちっと守られいた。この休日について解題している陣内義人は、一定の休日は四つの類型に区分できるとする。

一は、いずれも旧暦の正月と七月盆、三月、五月の節供などの年中行事にともなうもので、正月は元旦から四日までと七日、小正月あとの十六、十七日と二十正月と連続する。七月盆は十四日から十七日か十八日までと、二十日はたいてい休みになっている。これは正月と七月盆あたりが庄内地方の農閑期あたることと関連している。

秋田県の平鹿地方でもそうだったように、旧暦で仕込まれていた稲作作業を新暦に移すことはできなかったが、旧正月までなら脱穀・調製・俵詰めまで終えることができた。それでゆっくり正月を祝うことができた。善治の『日誌』が旧暦で書かれているのも、稲作の作業上わかりよいからかもしれない。七月盆は馬耕や田植、除草も一区切りついて、つぎの作業に移るつかの間の休息の時になる。正月も盆も家の祖霊を祀るものとするなら、酒田の日枝神社や村の鎮守の祭日の休日と同じように、正月も盆も年中行事にともなう休日になるとする。

二は、一日（朔日）、八日（上弦）、十五日（満月）、二十三日（下弦）という月の満ち欠けによる「七日働一日休」の定休日で、農作業の関係で一〜二日ずれることもあるが、「休ミ」は守られた。この休日は江戸時代の文書にも見られ、庄内地方の休日の基準になっていた。

三は、馬耕の始まる旧暦の二月、三月から山草刈りの終わる七月までの夏場の中休みの休日である。暑い盛りの体力の消耗を回復するための休みで、冬期には見られない。

四は、農作業の区切りごとに設けた休日で、「虫送り」（ムシオグリ）、春と秋二回の「馬造り」（ンマヅグリ）、「山伊勢講」（ヤマイセゴウ）、「土洗い」（ツヂアレ）、「苧桶洗い」（オボゲレ）などである。

若勢のとき善治はこの四つの類型の休みにおおむね沿って休んでいるが、婿入りして若勢を雇う戸主、親方になってからの善治は、若勢と一緒に休むことが少なくなっている。次郎の嫁のときわは、「この家だば夏祈祷のときでも、田の草取りしたもだけ」と話している。

つぎは昭和六年（一九三一）の善治と若勢の月ごとの休みの比較である。

	1月	2月	3月	4月	5月	6月	7月	8月	9月	10月	11月	12月	計
善治	九	三	四	六	八	八	七	三	六	一	三	九	六七日
若勢	一三	八	一〇	八	八	一〇	一二	四	九	六	六	五	九九日

十二月だけ善治の方が多いのは風邪で休んだからである。

この休みには半日も含まれている。馬がいると午前中はその世話や飼料を作らなければならないからである。この半日を二回で一日とすると計は七～八日ほど少なくなる。

類型四の「虫送り」は、六月（新暦。以下ここでは同）中旬に稲に病害虫がつかないように祓いをする行事で、集落の境に虫を送り出したり、虫札を堰に流したりする。

同じ六月中旬ころの「馬造り」は、春先から馬耕などよく働いてくれた馬の供養と、夏の山仕事へそなえて伯楽にきてもらい、馬の歯ぐきに針を刺して悪い血を抜き、馬蹄の爪を切ってもらう。馬使いの若勢たちは馬造宿に集まって酒飲みをした。「馬造り」は秋にもあった。七月下旬から八月上旬ころに持った「山伊勢講」は、伊勢講とは無関係で、やはり馬使いの若勢たちが酒飲みをした。その由来などはわからない。

「土洗い」は稲刈りを終えたあとの若勢の祭りのようなもので、会費は米一俵の年もあり、中日には酒田などから酌婦を呼んで飲み食いした。明治時代の文書に酌婦を招くことを禁じたものがある。大正時代になると、「土洗い」に研修といって一泊旅行に出ることもあった。この旅行と酒飲みは昭和になってからもつづいた。

「土洗い」は善治の『日誌』の初めからほぼ毎年、旧九月に記されている。雇いの若勢はいないが、「実子若勢」といった自家で働く息子のいる家でもやった。善治の生家の勘助家でもその「実子若勢」による「土洗い」をしている。

男たちの若勢や若衆の「土洗い」に対して、「苧桶《おぼけ》洗い」は若嫁の集いだが、次第に夫婦でくるようになった。「苧桶」は麻苧を細くさいてよりをかけ、長くつないで糸にして入れる桶で、女だけが使うものだった。「苧桶洗い」はその作業を終えて桶を洗うことを女の休息日に重ねたものである。夫婦でくると男のための料理を作らなくてはならないので、女の慰労にはならないとして、大正七年（一九一八）から嫁だけの会にしたと解題の用語解説にある。『日誌』の大正九年（一九二〇）九月につぎのようにある。

三日（十月十四日）曇天又ハ雨天午後段々晴レ北風アリ
オボケ洗ニ加入シ宿与左ェ門酒田ニ肴買ヒニ行ク一時頃迄来ル

「オボケ洗」は次の年にも翌々年にも記載がある。妻の鉄代と一緒とは書いていないが、明治三十九年（一九〇六）十月九日（十一月二十四日）には「オボケ洗ハ鉄代ト二人」とあり、以後も一緒だったのだろう。

三の中休みは、「七日働一日休」の間に入れて「三日働一日休」にしたものである。これも定休日だが、別に若勢たちが休みを肝煎や親方に要求し、どうしても入れられないと勝手に休んだ。それを「押休み」といった。休みを「正月する」といったので、「押正月」ともいった。『日誌』の明治四十二年（一九〇九）七月五日（八月十二日）に、「今日若勢共ハ雨降祝トテ休ミタル」とあり、これは「押休み」によるとされる。つぎは宇佐美繁の聞き書きである。

「若勢は一〇人も組なって、天気が続けば雨乞いだとか、ごぼう様(弘法様で雨乞い)とかいろんなことをつくって、餅ついで休ませれ、とか、酒一升もてきて休ませろとか、ムラの主な人に要求した。これには、奉公人ばりでねぐ(ばかりでなく)、家の若い衆も一緒になってやて、家さ帰ると親方に叱られだ」

「女の人達も若勢さかだらね(加わらない)ども、内心は応援していた。一度、若勢連中と親方達と話がまとまると、休まねで働いでいる人は、田からつれてこられるが、それでもきがねば(したがわないと)、ムラから酒買わされた。若勢が仕事の中心だったから、まとまって休まれるとどうしようもねがった」

「天気のつづく時は、ムラの人達(雇用者)は休ませだくなかった。若勢のほうは中休みだから休ませろ、といって年上で少しきがね(気の強い)若勢が代表して区長と交渉した。休みのことであれば何も恐れることはなかった」

押休みで田の仕事はだめだったが、畑仕事はよかったらしい。

大友義助の論考「若勢の押休みについて再論―藩政後期、庄内地方における年雇労働者の一問題―」によると、江戸時代に庄内藩は「押休み」の禁令をしばしば発して厳しく取締まろうとしているという。それでも絶えることはなく、発覚すると郡奉行や代官に呼びだされて取調べられるが、これには日数がかかることなどから、若勢頭に村の組頭や名主（肝煎）に詫状を入れさせてすませたりした。

西興屋村（現庄内町）では、若勢達が押休みをしようとするときは、村の東北端に祀られている石造の地蔵尊（追分石に地蔵尊を陽刻したもの。追分地蔵ともいう）を前の大堰に沈め、肝煎に休みを求めたものであるという。肝煎は地蔵尊をいつまでも川に沈めておくわけにはいかないから、若勢の要求を容れ、且酒の半樽も与えて、地蔵の引揚を頼んだものであるという。この風習は昭和の初め頃まで行われた。

文化十年（一八一三）に、庄内藩は「押休み」の首謀者に厳罰を課してやめさせようとしている。「片鬢片眉剃落候上、過料五百文」というもので、これは嘉永三年（一八五〇）三月に法連寺村（現酒田市）で適用され、首謀者二人が片鬢片眉を剃落されたうえ五百文の過料、他の八人にも三百文が課せられた。藩の規定にしたがった珍しい例だった。

大友義助は論考の「結び」に記している。

庄内地方における若勢の押休み（押正月）について藩政時代を中心に概観した。これによれば、当地方においては、藩政時代前期から藩法によって若勢の休日を厳格に規制しているが、若勢達は事実上これを破り、雇主に臨時の休みを要求してこれを実現するか、あるいはこれが容れられない場合は、実力を行使して農作業を休んだ。この場合、若勢達は個々に雇主に交渉するのではなく、村ごとにまとまり、その代表者が雇主側の代表者と交渉し、これが実現されれば、すでに田んぼに働きに出ている若勢を呼び戻し休日とした。もし、主人がこれを拒否するような場合は、若勢組から苦情が申し込まれ、酒をつけて謝らねばならないような実情にあった。（中略）

それにしても、若勢の押休みが、山形県でも庄内地方だけにみられ、内陸地方にみられないのは何故であろうか。あるいは、内陸地方においても、このような名称はないにしても、実質的にはおこなわれていたことかも知れないが、少なくとも深刻な社会問題として現れていないように思われる。両地方のこのような差異は、恐らくは両者間の農業経営形態の違い、労働力需給関係の差異などによるものと考えられるが、さらにこの基底には若勢をめぐる両地方の人々の観念の違い、強いて言えば、民俗的なものの違いがあるようにも思われる。

山形県の内陸地方と同じように、秋田県の平鹿地方にはたしてこうした「押休み」があったかどうか、その記録は見当たらないようである。庄内地方では、「押休み」が「中休み」に組入れられて、江戸時代以降の休日が増えたともされる。宇佐美繁は、「若勢の年間の休みは八八日ときまっていた」という聞き書きをしているが、平鹿地方の若勢にこれだけの休日はなかった。六十日前後だった。

こうした村中そろっての休みとは別に、病気や怪我などで休むことがある。善治は若勢だった明治三十六年（一九〇三）十一月十九日から風邪で四日休んだ。同年十二月の日誌に、

朔日（一月十八）少雪天北風少シアリ時々晴レ
休ミ朝ハ刈干丹生入レテ馬ノ肥出ス。馬ノ草鞋十四足造リ前ノ両晩ノ草鞋ト都合四十足
風引テ休ミタル為メ主人ら奉納セリ

風邪で休んだ償いとして、馬の草鞋四十足を親方に納めている。若勢が休む場合、その実家の者が代わりにくることは秋田県の平鹿地方にもあった。大正二年（一九一三）六月の日誌、

十八日（七月廿一日）快晴先ツ風ナシ午後北風少シアリ
朝は馬草刈テ　多右衛門ニ敬四郎ノ替リ西山ニ松枝チケ荷車ニテ二度　藤時ノ正傳寺ノ
西

とある。敬四郎は次郎の弟で与蔵の四男である。わけは書いていないが、休んだ若勢の敬四郎の代わりに雇主の農家に、善治が代わりに行って働いている。

『若勢日記帳』の昭和七年（一九三二）四月に、

廿五日（五月卅日）

荒撥キ　午後少シ田植テ　腹痛ノ為メ休テ家ニ行ク

丹蔵家の若勢の佐藤治郎は、腹痛で家に帰り、廿六日と廿七日はその兄が「代撥キ」にきている。廿八日（六月二日）には「休ミ来ラズ」とある。この若勢は昭和八年（一九三三）にも田の草取りと秋仕事に腹痛で休んだ。このとき兄はこなかったようで、同年の『日記帳』の末尾に「十四日前出替リ　百十三日休」とあって、腹痛で休んだ分の賃金を日割計算で差引いている。

善治はこの休日をどのように過ごしたのだろうか。「実子若勢」として家で働きながら日記を書き始めた十五歳の『日誌』に、「休業遊ビ」と書いている。どんな遊びをしたのか、あるいは何もしないで一日を過ごした、ということかもしれない。網を使って魚をとる「雑魚シメ」が一日ある。これは若勢になってからはなくなり、再び『日誌』によく見るようになるのは丹蔵家の戸主となってからである。

明治二十九年（一八九六）三月十日（四月二十二日）に、「越橋ノ傳四郎ニ金掘リ手傳」とある。没落した屋敷に伝わる「金」掘りに行っている。幕末期には高百五十石の豪農で、隠し金があるとささやかれていたらしい。十八歳のときである。

若勢のときは決められた日にきちんと休んでいるが、何をしたのかは書いていない。十九歳の明治三十年（一八九七）七月十五日（八月十三日）に、「休ミ徴兵検査」と書いているが、兵役には服していない。

若勢から戸主となる

丹蔵家の労働力

若勢としての善治は最初の作助家と二軒目の市十郎家は共に一年だったが、三軒目の丹蔵家では七年も勤め、その後この家の婿養子になる。七年もつづいたのは、二代目の与蔵と善治が互いに人を得たという感じを持っていたことにあったのではないかとされる。貧農の二男という共通性と、零細農家に近い丹蔵家を、わずか十年で若勢の年雇いができるまでに丹蔵家を発展させた与蔵に、尊敬の念をいだいていたであろう善治と、善治の働きと人柄から、この者ならという与蔵の思いがあった。これには与蔵の長男の多治郎が不治の病いでその労働力はまったく望めないということもあった。

この長男は明治三十七年（一九〇四）九月六日（十月二十四日）の晩に十七歳で亡くなる。その二十一日後の喪明け九月二十七日（十一月四日）に、「……晩ハ婚姻相続出来」とあり、十一月廿四日（十二月卅日）には、「中ノ条ノ八卦置ニ八卦見行カヾノ病気ノ事ヲ見」とあって、与蔵の二女鉄代が事実上のカガ（妻）になっている。善治二十六歳、鉄代十四歳である。事実上というのは婚姻届を出して、戸籍上で正式に夫婦になるのは明治四十二年（一九〇九）五月だからである。

この明治三十七年から、『日誌』の年の初めに書いていた「丹蔵若勢」の文字が消える。また明治三十八年（一九〇五）から日記の表書きの名前が、それまでの勘助家の姓の「伊藤善治」から丹蔵家の「後藤善治」になっている。明治三十七年三月の『日誌』につぎのようにある。

廿四日（五月九日）快晴西南風又ハ西風アリ午前ハ少シ
朝ハ木ノ内ニ米引行キ　酒田ニ米車ニテ引キテ行キ　鉄代ト二人シテ六俵　来ル時馬車ニ焼酎粕百貫目程チケテ来ル　来リテヨリ畠カラミテ鳥カクエモ拵ヒ

これから推測されるのは、善時の婿養子は明治三十六年（一九〇三）内に決まっていて、鉄代と仕事を一緒にしていたということである。

与蔵の長女は生後すぐに、長男の多治郎も亡くなって二女が善治を婿養子に迎えて「姉家督」となった。二女の鉄代には三歳違いの弟の次郎がいたが、まだ労働力にはならなかったので、丹蔵家は確かな働き手を確保するためにもこうしなければならなかった。

この「姉家督」は五代目にも見られる。それは四代目を継いだ次郎の子ども五人がみな女だったからである。長女徳江の婿養子になったのは善治のすぐ下の弟健吉の子どもで、最初に二男の昌二が昭和十三年(一九一三)にはいる。でも四年後に病気で亡くなり、その四年後の昭和二十一年(一九四六)に三男の彊が婿養子となり、この彊が丹蔵家の五代目になった。善治は子ともに恵まれなかったが、丹蔵家には勘助家の血が流れているのである。「姉家督」ということでは、初代多蔵の長女石代も二人の夫に先立たれ、与蔵は三番目の婿養子だった。

善治は鉄代が四十八歳の昭和十三年(一九三八)十二月に六十歳で亡くなるが、鉄代が新たに婿養子を迎えることはなかった。それは弟の次郎が家督を継いで、十四歳から丹蔵家を背負ってきた「姉家督」から解き放たれる、自由な一人身になれる、ということだったのかもしれない。といってそれまでずっと束縛されていたわけではない。家つき娘の強みというのだろうか、二十一歳のときからときどき湯治に行き、九日間の庄内巡礼にや十日間の伊勢参宮にも参加している。次郎の嫁ときわが丹蔵家にはいるのは大正二年(一九一三)だが、初めて湯治へ行くのは十九年後の昭和七年(一九三二)で、これが当時としてはむしろ普通だったとされるから、鉄代は「姉家督」の女性の一つの姿を物語っている。

明治四十三年(一九一〇)五月の『日誌』に、

七日(六月十三日)朝ハ雨天段々晴レ北風アリ
鉄代鉄五郎朝一時頃無断家出シテ逃走セリ夫ニ就テ酒田ニ電話カケ行キタリ新庄にカケタリ　鶴田ノ神子ニモ八卦ヲ見行ク改ニモ行ク日暮ヨリ出発シテ湯ノ臺ニ尋ネ行ク　一時

頃湯ノ臺ニ着キ二人居ラズルニ付戻リテ吹浦ノ方ニサシ行ク　夜明八日芹田ヲ通り吹浦ヲ通り午後十時頃由利郡ノ本庄迄行キ　多市ト二人行キ本庄ニ一泊シテ、翌日九日十二時頃家ニ歸ル

善治は十日からあちこちに電話をかけ、秋田や青森の警察におたずねの手紙を出している。いついるところがわかったのか『日誌』にはないが、一ヵ月後の六月七日（七月十三日）に、与蔵が北海道の小樽に鉄代を迎えに行って連れ帰る。

十六日（七月廿二日）快晴午前ハ八時頃ヨリ十時頃迄曇ル西風少シアリ又ハナシ朝は馬ノ草刈テ草取リ正龍寺田三番草鉄代ト二人シテ取ル

解題の説明には六月十五日に帰宅とあって、翌日に何ごともなかったかのように書いていることに、「複雑な人間関係を呑みこんで強要する稲作労働の厳しさをうかがわせる」とある。それから十六年後の大正五年（一九一六）正月の日誌に、

廿五日快天又ハ快晴先ツ風ナシ日暮ハ曇ル
酒田行き「鉄代湯治　瀬見ニ行ク荷物背負ヒテ酒田ノ汽車ノ停車場迄行ク」

善治は瀬見温泉（現最上町）へ湯治に行く鉄代の荷物を背負い、酒田駅まで行っている。でも温泉へは一緒していない。夫婦のどちらかが必ず家にいるのを守ってのことだった。

善治は昭和二年（一九二七）の正月廿四日（二月廿五日）から，村の男たち十二人と伊勢参宮に出かける。鉄代を残して家を空けること二十七日間の旅で、往きには松島や日光、東京の社寺などを訪ねまわり、二月三日（三月六日）に外宮豊受大神、翌日、内宮天照太神宮を参詣した。この三月四日の『日誌』に「六時半頃地震アリ」と書いている。

外宮と内宮の参詣を終えると、さらに奈良、四国の琴平、船で瀬戸内海を渡って宮島、そこから汽車で出雲へ、天橋立を見て京都、名古屋の名勝、社寺などをまわっている。その間の日誌に現地の空模様とともに、庄内の天候も欠かさず書きとめている。これは家に残った鉄代が毎日の天候をきちんと書いていたのだろう。

昭和五年（一九三〇）三月三十日（四月廿八日）に、鉄代の父で善治には舅の与蔵が亡くなる。その翌年の正月十八日（三月六日）から二月九日（三月廿七日）まで、二人は初めて一緒に鳴子温泉で湯治する。これは善治が与蔵へ遠慮があったのではないかと思わせるが、善治の後継ぎの次郎がすでに農業でも家のことでも任せてよいようになっていたことと、次郎の家族に鉄代と善治がいないときの対応を体験させるということもあったのではないだろうか。

年代が少し前もどりするが、大正三年（一九一四）に与蔵は懸命にやってきた穀物商酒類兼業の権利を善治に譲り渡す。同年の正月の『日誌』に、

二日（一月廿七日）曇天又ハ雪天北風アリ
朝飯後本楯村役場ニ行キ　穀物商酒類兼業ノ賣上高ヲ書キ善治ノ印ヲ捺印シテ上ケテ来ル

その秋十月の日記に、

十八日（十二月四日）曇天又ハ快天北風アリ
……晩ハ改ノ新茶屋ニ米買出ノ寄合アリテ出席シ就テ　宴会アリ　是迄与蔵アレキタルヲ顔替リトシテ酒五升連中ニ馳走セリ……

この権利の移譲は善治を分家させて商いで独立させ、前年に結婚した次郎に丹蔵家を継がせるための、与蔵の一つの思惑だったのではないかとされる。でも次郎が長く病床に伏したため分家はなされない。そして大正時代は進み、その間にも丹蔵家は土地拡大をつづける。

戸主となる善治

日本海側を走る羽越線は大正八年（一九一九）十月十五日（十二月六日）に酒田から北に延長される。開設された本楯駅は豊原村からごく近く、善治は「休ミ本楯駅汽車開通式を見行ク」

と書いている。この羽越線の延長は丹蔵家に大きな変化をもたらす。ほぼときを同じくして山居倉庫が本楯にも建てられたからである。山居倉庫は庄内米を収納する倉庫だが、本楯への進出は酒田商人の商業圏の拡大を意味し、丹蔵家のような在郷商人の商域がきわめて狭くなることだった。同年九月と十月に、

十五日（十一月七日）快晴北風ケ又ハナシ
……今日本楯山居倉庫第一番ノ初蔵入ナリ
四日（十一月廿五日）曇天又ハ霧雨降リ北風アリ
馬車テ　本楯山居倉庫ニ米入庫セリ三度テ四斗入四等三十弐俵入レタレト　内五俵ハ四等ニモ入ラズ戻サレテ今井精米所テ搗キテ来ル　一俵弐十五銭ツヽ　テ搗キ（一円二十五銭）残入庫米二十七俵ナリ　我家ニテハ本楯倉庫ニ　始めて米入庫ス

もうつづけられないと判断した与蔵は大正九年（一九二〇）に酒類販売を止め、つづいて米の「買出し」も廃業する。農業に専念する丹蔵家としたもので、善治に商人として独立させることを断念するとともに、その分家の思惑も完全になくなる。

大正十四年（一九二五）に六十九歳の与蔵が隠居し、四十七歳の善治を戸主とするとき、次の家督は次郎とすることを善治に約束させた。この条件の裏には鉄代が身ごもっていたことと

も関係があったのかもしれない。後継ぎは自分の子どもと思うのはあたり前のことで、善治がそう思わないように与蔵は念を押して約束させたということである。同年九月に、

廿七日（十一月十三日）雨天東南風アリ
酒田行　酒田税務署ニ行キ遺産相続ノ取調ノ事テ行ク

家督相続の手続きの一つをしている。鉄代は同年の十二月四日（十五年一月十七日）に男児を出産した。悦郎と名付けるが、十七日後の晩に亡くなる。原因は書かれていない。

廿一日　大正十五年二月三日　快天午後快晴先ツ風ナシ
……晩ハ悦郎死亡ス　十二時頃廿二日ノ佛
廿二日（二月四日）曇天又ハ雨ヤ霙モ少々降リ先ツ風ナシ日暮ヨリ北風アリ
悦郎葬式シテ埋葬ス
三十日（二月十二日）曇天北風アリ
……吉ノ沢の寺参詣ニ行ク　悦郎ノ地蔵様（玉孝禅核子）モ持行キテ寺ニ上ケテ来ル

善治夫婦はこの九年前に養子を迎えているが、二年で縁組みを解いている。この養子や生ま

れてほどなく亡くなった児への感情は記されていないが、亡き子の地蔵様を寺に納めていることに善治の心の内を読むことができるだろう。

善治の『日誌』には当然ながら丹蔵家の人の名もある。しばしば見る名もあるが、ある年代からまったく見なくなる名もある。明治時代からよく見るようになるのは与蔵の四男の敬四郎である。前にも記したが、大正二年（一九一三）六月十八日（七月廿一日）に、風邪でも引いたのか休んだ若勢の敬四郎に代わり，善治が雇主の家に働きに行っている。本来なら敬四郎のすぐ上の兄の次郎が行くべきだが、次郎は病気で床に伏していたのだろう。敬四郎はそのとき十六歳である。

大正九年（一九二〇）正月、

十九日（三月九日）快晴先ツ風ナシ
朝ハ　敬四郎最上郡ノ瀬見温泉ニ湯治行キノ荷物負ヒテ本楯駅ノ停車場迄送リテ行キ

ところが敬四郎は風邪を引いて七日後に帰ってくる。咳が出るためその翌日の廿八日、善治は観音寺村の南の咳止大神に「咳止メテクレトテ拝ミ行ク」。風邪か治って働き出るのはそれから二ヵ月半ほど後の三月十四日、「風引直リテ敬四郎今日ヨリ馬耕セリ」とある。

敬四郎は明治三十年（一八九七）に生まれた。善治は二十一歳のときから敬四郎の成長を見ている。『日誌』に初めて名を見るのは明治三十九年（一九〇九）一月十八日（二月十一日）で、「朝ハ次郎敬四郎ノ髪摘ミ」とある。

昭和二年（一九二七）五月廿七日（六月廿六日）に、「敬四郎酒田ニムコナル」とあって、善治はその家にしばしば行っている。米を運んだり餅を持って行ったり、その帰りに下肥をもらってきたりしている。ところが六年後の三月にに離縁となる。善治はその敬四郎ために嫁を迎え、家を建ててやる。その動きは昭和八年（一九三三）五月の家を建てるための土地探しから始まり、同年十月と十一月、十二月に、

廿六日（十二月十三日）曇天北風アリ
……今日鉄代敬四郎ニモラフ、ヨメ黒森ニ定メノ酒結納十五円持行ク
廿六日（一月十一日）雪天吹雪北風アリ
酒田に歩テ行キ　鷹町齋藤倉治（長治）ニ行キ敬四郎ノ家五百七十円テ建テ丶モラフ事
ニシ差金十円シテ来ル　歸リハ汽車テ来ル
廿五日（二月八日）曇天北風アリ午後吹雪
雑業　今日　敬四郎ニ嫁黒森ヨリ来リ宴会ス

翌昭和九年（一九三六）二月から建築が始まると、善治は若勢や次郎の妻のときわを連れて

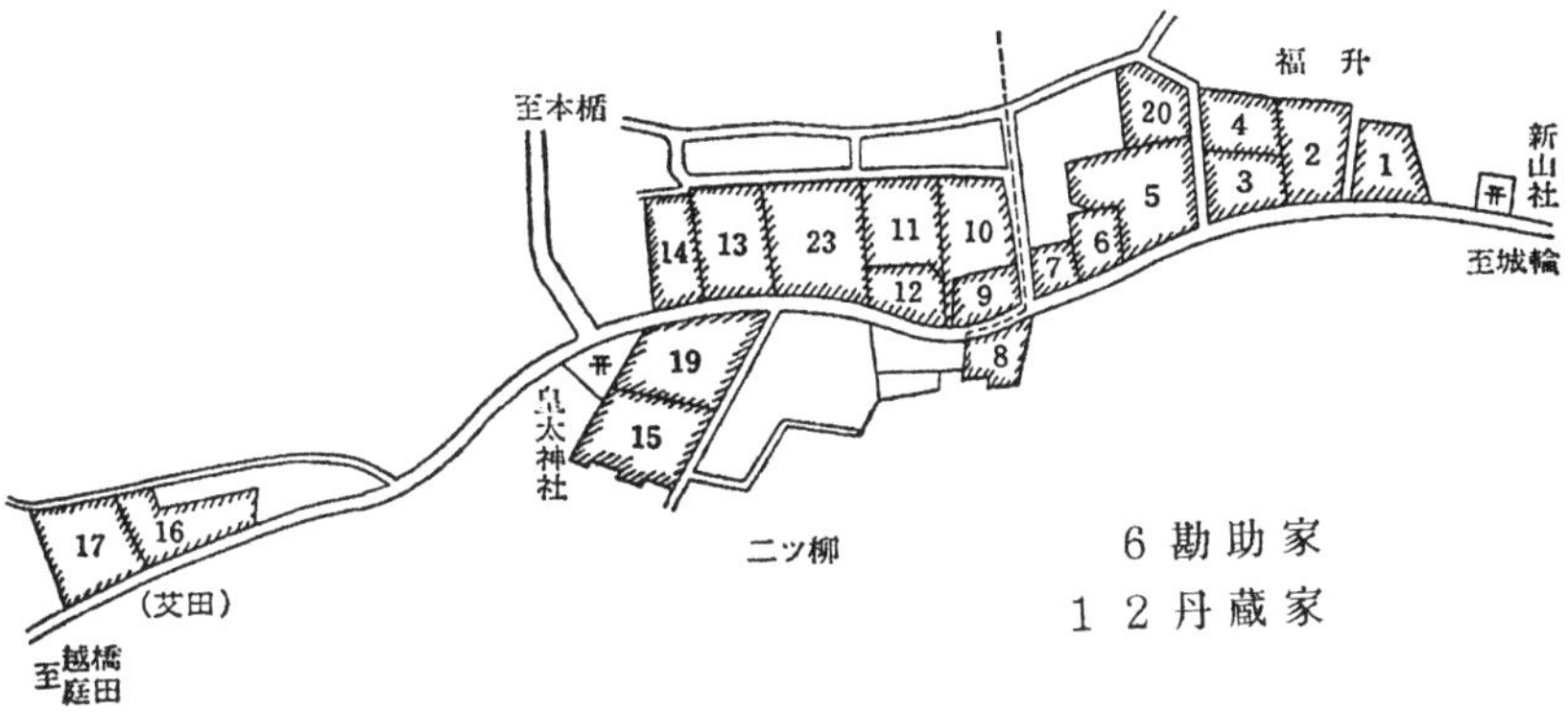

『善治日誌』当時の豊原の農家宅図。『善治日誌・解題』挿図

行って材木運びを手伝ったりしている。「家建監督」と書いている日もある。同年の四月廿九日（六月十日）に約束の代金のすべてを大工に払い「全部相済候也」とあるから、このあたりに家ができたのだろう。

敬四郎への親にも優る善治の思いやりが感じられるが、これは善治にとって丹蔵家での最後の奉仕でもあった。『日誌』はこの昭和九年の大晦日で終わり、善治は翌年から病床に伏す日が多くなり、昭和十三年（一九三八）十二月二十一日に六十歳であの世に迎えられる。

『日誌』拾遺

若勢から一家の戸主となった善治の『日誌』には、感心することや何故と思うこと、またやっぱりと教えられることもある。

感心するのは実によく実家の勘助に行っていることである。戸主となった丹蔵家と勘助の間には二戸の家屋敷があるだけだから、少し大きな声を出したら聞こえる。田作りの作業、餅搗き、井戸掘り、正月と盆の礼、祝言、葬式、法事、酒飲み、食事など、本当にしばしばである。

十五歳から書いた『日誌』の最初の年の新暦四月三日に、「神武天皇祭」とある。毎年きちんと書いているわけではないが、神武天皇祭御祈祷にもよく出ている。明治三十三年（一九〇〇）四月十二日（五月十日）に、「皇太子殿下ノ結婚ノ為メ休み」、大正元年（一九一二）八月三日（九月十三日）には「明治天皇ノ葬式ヲ遥拝セリ」とある。昭和四年（一九二九）は伊勢神宮の式年遷宮の年にあたり、同年八月三十日（十月二日）に、「八時伊勢内宮ノ御遷宮式ヲ遥拝ス」とある。これは二年前に伊勢参宮に行っているので、その日を知っていたのだろう。

若勢の休みの日で、善治もよく行っている酒田市の日枝神社の祭りは新暦五月二十日である。明治四十三年（一九一〇）はこの祭日が一日ずれた。

　四月十三日（五月廿一日）快晴西南風ケ又ハナシ
　酒田日枝神社ノ祭見行キ……昨日新ノ廿日ナレドモ英吉利ノ皇帝葬式ノ為メ今日ニナリタル也

日英同盟協約を結ぶことに努力をしたエドワード七世が、新暦五月六日に亡くなり、その葬儀が日枝神社の祭日と重なったための変更だった。皇帝とはいえ、何故、遠い異国の人の葬儀が地方の祭日およんだのか、と思わないでもない。

明治四十四年（一九一一）にこの祭りに行ったときは、「曲馬ノ見セ物ヲ十銭出ステ見テ」八時過ぎに帰った。大正十五年（一九二六）には、「大濱テ飛行機モ見テ来ル」とある。祭りのときではないが、明治四十二年（一九〇九）一月六日（一月廿七日）には「人形芝居」、同年五月四日（六月廿一日）には、「晩ハ本楯学校ニ活動写真見行ク札銭六銭」とある。活動写真とは映画のことである。

いつも見ている鳥海山には十七歳のとき初めて参詣した。大正八年（一九一九）六月に、

廿二日（七月十八日）快晴東南風少シアリ
朝二時起シテ鳥海山参詣ニ行ク　頂上迄行キテ泊ル　昨年旧八月廿日ノ大風ノ為メ　西鳥海ノ小屋飛サレテ小屋ナキ為メ頂上迄行キタルナリ

ときどき鳥海山の初雪を書いている。『日誌』に見るもっとも早い雪は大正元年（一九一二）七月十四日で、新暦八月十五日である。

「東方ニ朝五時頃彗星現ハル」と書いているのは明治四十四年十月一日（十月二十二日）、前年の新暦五月十九日にハレー彗星が地球に接近し、人畜に害を与えるという噂が広まったが、その彗星だったのだろうか。洪水や地震は頻繁にあるわけではないが、昭和八年（一九三三）

三月三日の三陸地震は、庄内地方でも大きく揺れたらしい。「朝三時過大地震アリ　震源地宮城縣金華山沖　岩手縣釜石町ハ　被害殊ニ甚大ナリト云フ」。この地震で大津波が押寄せ、三陸海岸では死者、行方不明者、三〇六四人を出した

酒田港にはいった軍艦を見に行っている。大正八年（一九一九）七月廿一日（八月十六日）には第三艦隊の鞍馬と伊吹が、大正十年（一九二一）六月一日（七月五日）には薩摩、大正十四年（一九二五）五月五日（七月廿五日）には駆逐艦の嵐、海風、榎の三艘が寄港、三十五銭の艀《はしけ》代を出して榎に渡り艦内を見学している。

豊原村に電燈が点燈するのは大正十三年（一九二四）十月十二日（十一月八日）、「晩ハ戸主等點燈式シテ六助ニテ酒飲ム」とあるが、この「酒飲ム」は実に多い。ことに楽しいかったのは祝言の酒だろう。善治の継ぎを継ぐ丹蔵家の次郎の婚礼は、大正二年（一九一三）三月で、

廿八日（五月四日）快晴先ツ風ナシ
　屋敷片付次郎婚礼　旧下星川ノ長五郎ヨリヨメ来ル　行年十九才　名ハときわ　晩ハ村中ノ兄残ラズ酒飲ミ来ル
廿九日（五月五日）快晴東風ケ
　サヽキ蒔キ午後　婚礼ノ茶ニテ　姉等酒飲ミ来リタルニトリモチ

若勢時代の善治はこの稲倉の二階で日誌を書いた。『善治日誌・上』より

祝言には村の人みんながやってきて、祝言の家が出してくれる酒を飲むのがまた祝いで、善治はこの祝言にかならず行って酒を飲んでいる。酒の記載はないが、葬式にも善治はかならず行っている。葬式をダミというが、ここではすでに火葬になっていたようで、葬式の翌日にはたいていハヤセと書いている。ハヤセは骨拾いをいう。

農家にとって町の家々の下肥（糞尿）は大事な肥料だった。現在は汲取ってもらった方が金を払うが、善治の時代は汲取る方が米を代価として払った。約束した家に定期に汲取りに行って、善治は年末に代価の米を渡している。家族数で代価は多少異なり、三斗二升の家もあれば、二斗八升の家もある。後者は約四十五キロほどになる。兼業で売る酒の仕入れも米との交換だった。たとえば、「米壱石五斗酒ノ交換米　内壱石二斗酒四斗五升分残三斗八本年分ノ酒代ニ入ル」と書いている。

大正八年（一九一九）四月に、豊原村の次世代の連中による二福会ができた。農業を主体として村をより豊かにしようとする会で、苗代、稲作品評会をして表彰した。昭和三年（一九二八）十一月七日（十二月十八日）に、善治は一等賞を三つ授与し手塩皿と郡賞として縞木綿一反をもらった。二度目は昭和七年（一九三二）九月廿七日（十月廿六日）で、苗代と堆肥で一等賞となり、傘を二本とやはり郡賞の縞木綿一反をもらった。

各地の奉公人とその市

漁村から農村へ

ここでいう奉公人は若勢のような年雇い、あるい一定の季節にだけ雇われてて主に田畑で働く者をいう。その雇傭契約には若勢市のような集団のものと、個々、随意があった。櫻田勝徳は「背後農村との交渉」で、随意契約による、漁村から農村への奉公人についても考察している。その考察であげている実例を要約して記す。

千葉県長尾村（現南房総市）の漁村の娘たちは、隣接する神戸村（現館山市）に頼まれて一日稲を刈りをして、帰りに八升くらいの穂のついた稲束をもらった。それを「穂拾い」といった。頼まれてといったが、初めから頼まれたわけではなく、娘は米を稼ぎにあてもなく神戸村に行くと、たいてい口がかり、一日行くとそのあとずっと雇われたりした。運わるく雇われないときは、落穂を拾って帰った。落穂拾いはだれがしてもよかった。

伊豆半島（静岡県）の西海岸にある仁科村（現西伊豆町）の女の人たちは、秋の収穫時期に「稲扱きに行く」といって内陸部に稲扱きの手伝いに行った。賃金としてもらう籾を脱穀して俵詰めにして持ち帰った。その米はホマチ（働いてきた人の収入）とはしないで、一家の計画にともなう収入とした。

福岡県北部の玄海灘に面した玄海町鐘崎（現宗像市）の漁家の娘たちは、本業の海女を終える旧盆から十二月まで、「米取り」といって宗像郡や遠賀郡の農家に奉公した。賃料は月に米一俵と金五円くらい、月に米二俵をもらう優秀な娘もいた。ナタナゲは奉公を終え、賃料の米を持って家に帰ることをいい、米俵は家の土間に積みあげた。昭和八年（一九三三）にはこうした米が鐘崎に三百俵あったという。鐘崎の少し沖にある半農半漁の地島の娘たちも奉公に出かけ、同年にのナタゲには約百五十俵を島に持ち帰った。

娘がもたらすこうした米は、一家の大きな喜びになった。

宮本常一は故郷の周防大島（屋代島）で聞いた話を「女の世間」に書いている。

ここからあるいて久賀《くか》までいってそこから渡し船にのって地方《じかた》へわたって、それからあるいたもんです。「秋仕《あきし》はいらんか」といえば大ていやとってくれたもんだそうで、そういわないでも仕事着を着て、前だれをかけ、脚絆をはき、手拭いか編み笠をかぶってあるいておれば大てい働き人《ど》とわかるから「あんたら家の稲刈をしてくれんか」とたのむ者が多く、すぐ口のきまったもので、その家の仕事がすむと次の家へ行くというようにして方々あるいて、秋仕は四十日の稼ぎといって、四十日かせいではかせいで来たもんだちうことであります。それで、もろうて食うて賃が一升だったもんで、四十日かせいで四斗俵一俵をもろうてかえるのがよく働く女でありました。そりぁ米一俵も余分にあれば正月もらくにこせますけにの、たいがいは嫁にいくまでの若い女の仕事でありました。

現在、島は全域が周防大島町である。久賀は島の東北部の中心地で、話をしてくれた人が住む町内からは十余キロの距離になる。「地方」はここでは本州の山口県の農村をいう。

海女で知られる志摩・畔名（現志摩市）の戦前の娘たちは、尋常高等小学校を卒業すると、嫁入りするまでの間、伊勢平野などへ行って、茶摘み、田植、養蚕などを手伝った。谷沢明は昭和五十五年（一九八〇）に志摩の各地で聞いた女の人たちの体験談を、『あるくみるきく』の「特集　女たちの志摩」にまとめている。

明治三十八年（一九〇五）生まれの人は、「十四歳は大正八年（一九一九）」

「初めて伊勢へ稼ぎに出かけたのは一四の歳でな、当時の金で一〇〇円もろうてきた。親が喜ぶ顔を思いうかべると、何ともうれしゅうて、そやけどな、そんな大金、生まれてはじめてもらったもんで、誰かあとをつけてくるような気がして、恐ろしゅうてな」

三月になると娘たちは、誘いあわせ、気のあった者が八〜一〇人と仲間を組んで伊勢へ出向いた。そして、手伝いを必要とする農家を捜し、一人、二人と分かれては、雇われて仕事のある先々を渡りあるいていった。そんな歩き方は、なんとも楽天的である。雇われる先は特に毎年決まっているわけではないが、心安くしている同じ家を訪ね、そこで手伝うことも少なくなかった。そして、行った先では、食事もそこの家族といっしょにして、住み込みで働いた。伊勢の出稼ぎ先の農家では、志摩の女たちを、わが娘のように可愛がってくれたという。

茶摘みは、慣れぬ娘には、つらい仕事であった。茶の葉を一枚一枚、手で摘んでいくため、なかなか茶摘み籠に葉がたまらない。そんな時は、小さな娘を誘った先輩が、そっと、自分の摘んだ葉を分けてくれたものだという。

茶摘みが済むと、今度は、田植え、田の草取り、養蚕の手伝いに行った。伊勢平野の農家では、ハルコ、セツコ、フウケツ、バンシュウと夏前まで四回、蚕を飼っていた。養蚕農家では、どの家でも、主屋の中に蚕棚をいっぱいに作る。小さい家になると、人の寝る場所もとれないほどで、軒下に寝ることもたびたびあった。最盛期になると、昼から夜中まで、夜中から昼までと二交替で作業にあたり、それは忙しいものであったという。養蚕の手伝いをすると、ホネオリがもらえる。ホネオリとは、一種のボーナスで、日当のほかに手当がつつくのである。そのことが仕事のはげみになっていた。

「盆を一ヶ月ほど家で過ごすと、また誘い合わせて、稲刈りに行きよった。彼岸じぶんになると磯部のワセが実り、ここの仕事が最初でな、そしてマエノハタ・桂瀬・丹生寺（松坂市）、磯山へと渡りよった。稲刈りを終えると麦蒔きをして、菜種を植えて家に戻りよった。帰りがけには餅や栗などの土産をたくさんもらってな、家に帰ると、正月やがな」

畔名の娘が郷里にいるのは盆の一ヶ月と正月の二ヶ月を合わせて、年のわずか三ヶ月余りにすぎない。家に戻った数ヶ月で、娘たちは裁縫や家事仕事を習った。そして何年か伊勢稼ぎをくりかえしたのち、結婚すると、こんどは土地の海で海女をはじめるのである。

この畔名では「娘一人いたら所帯心配せんといい」といったという。「家族を養えような海女は一人前ではない」と志摩で聞いたことがある。それを物語るかのように、海女の女房の稼ぎで新築したという家をよく見る。

畔名だけではなくほかの志摩の集落の娘たちも働きに出ている。車などなかった時代だから、峠を二つ越えて、二日がかりで遠くの村まで茶摘みに行った娘たちもいた。海女として別の海で働いて秋にもどり、それから伊勢の農家に手伝いにいくというところもあった。

漁村や島の娘たちが、こうして農家で働いて賃料に米をもらった一番の理由は、田地が少なくて、米が十分でなかったということだっだろう。もう一つは別の土地で働いて、世の中を知ることが嫁の条件になっていたからである。宮本常一は「女の世間」に書いている。

「昔にゃァ世間を知らん娘は嫁にもらいてがのうての、あれは竈の前行儀しか知らんちうて、世間をしておらんとどうしても考えが狭まうなりますけにのう」

魚と米の交換

奉公人ではないが、漁村から農山村ということでは魚の行商がある。今なら車で生魚も持って行けるが、歩きしかなかった時代に農山村への行商は干物か塩をまぶした魚だけだった。それでもとにかく海の魚を必要としたのは田植時期で、結で田植にきてくれた人へのもてなしに魚の料理は欠かせなかったし、その料理をみんなが喜んでくれた。

早川孝太郎著の『羽後飛島圖誌』は、写真を主体とした最初の民俗誌である。現在は山形県酒田市の飛島は、江戸時代には北前船の往き交う日本海航路の一拠点だった。早川孝太郎が写真機を手にこの島を訪れたのは大正十三年（一九二四）五月末日から八日間である。四十二枚の写真の一枚に「五月船」というのがあって、つぎの説明がある。

島から地方へ物々交換に出た船である。島で獲れた海草魚類を船に積んで、酒田吹浦の港につけて、それぞれ山地へ持ち込んで米と交換する風習が、三〇〇年来の仕切りという て今もやっている。五月船また春船ともいうて、田植の頃を見て出かけて秋の収穫に米を受け取る約束でそれぞれ取引をする。それを仕入れというた。行先は多く県内の東西田川郡、秋田県由利郡地方で、あたかも田植の料理にする材料の欲しい時であった。昔からそれぞれにきまった得意先があって、檀家というている。宿もきまっていて、別に仲継ぎのような役もしていた。取引の帳簿もそこに控えてある。永い馴染みのことで、田植の頃になると、それぞれの檀家ではもう飛島から来そうなものだ、心待ちに待っていてくれるそうである。子供など人懐かしく見覚えていて、飛んで出て縋りつくそうである。秋になると、それぞれ得意先へ干烏賊塩辛などの手土産を持って取立てに往くが、これを秋船というた。得意先や宿からは、別に正月の糯米を土産にくれるそうである。

春船秋船ともに日を定めて、島中揃って船を出したのである。留守の間、家の者は毎日案じて暮しているので、還る時は、村中挙げて出迎えて、揃って鎮守へお礼詣りをするのが昔からの慣習であった。

これについて櫻田勝徳は「背後農村との交渉」に書いている。

飛島の五月船の得意先は、昔から一定していると云う事であるが、昭和九年の調査によると檀家の数一万一千戸におよび、檀家の地域は山形（一万戸足らず）、秋田（一千戸許り）の二県、之を郡にすると山形県だけでも四郡に及んでいた。五月船に依る海産物と米との交換は、米一升を単位として行われていた。而して一軒の檀家から仮に平均一斗の米を受取ったと仮定しても、島では一年間に於けるその他の食糧やその他種々の買物代にこの米をあてなければならぬから、秋船で受取った米はすべて酒田に出して之を売却し、飯米には値段の安い台湾米や外米を買い替えていたという事である。所が昭和七、八年頃は島の漁獲高が激減し、海産物の価格が非常に安かった為め、昭和九年には五月船を出したくても出し得ぬ状態になり、また県も物々交換は損だから組合組織にせよとしきりに奨励するので五月船を休止してしまったという。

これは鹽田定一の昭和九年（一九三四）の調査による「飛島視察報告」を参考にしているが、これには人の動きも報告されている。

檀家地帯と飛島との縁組関係には注目されていたが、その結果、昭和九年の戸数一八一、男七八九人、女八七八人の飛島に、他村より嫁が三〇名いる内その全部が檀家地帯より来ている事、同じ婿三名も同様である事、他村より来ている貰い子四一名中、明白に檀家地帯より来ているもの三〇名を数える事等が判り、この物々交換がこの様な人の交渉にすでに発展している事が判るのである。

櫻田勝徳は愛媛県の松前や瀬戸内海の島の同じような例を記して、つぎのように継いでいる。

これには行商地盤を確保するために、在より嫁を貰う傾向が強くなったという事は、漁村自体の経済が一段と良くなったために可能になったのであろうと、瀬戸内海地域に於いては一先ず簡単に考えておきたい。

農村から漁村に嫁がきているのだが、農村から漁村への奉公人にはいなかったのだろうか。海に出て働かなければならないことから、その例はきわめて少ないようで、手伝い程度なら地曳網漁の陸曳に農村の者もきた。兵庫県東部の陸曳には「菜引き」とか「菜貰い」とかいって、家で食べる程度の魚をもらうのが目的で手伝がきた。隠岐島（島根県）の船で沖に出る曳網漁には、デリョウと呼んだ奉公人がいたが、ほとんど島内からで漁業を知っている人だった。

奉公人市（人市）

横手や増田の若勢市は朝市の一画で行なわれたが、祭りの日にその神社の境内で行なわれた奉公人市もある。瀬戸内海の塩田で働く「浜子市」ともいった奉公人市は特定の場所で行なわれた。つぎは各地の奉公人市である。

秋田県横手町（現横手市）「若勢市」　秋彼岸と旧暦十二月二十五日前後の朝市。
秋田県増田町（現横手市）「若勢市」　秋彼岸の中日前後の朝市。
秋田県浅舞町（現横手市）「若勢市」

山形県白鷹町・白鷹山　旧暦四月十七日の虚空蔵尊の祭り。

千葉県大和田町萱田（現八千代市）「雇人市」　十二月十六日の飯綱神社の「権現市」。

石川県金沢市「女市」、「辻人市」とも　町内で旧暦三月五日ころ。

山口県瀧部村（現下関市）「奉公市」　月の一、十、二十日の市日。

福岡県玄海町田島（現宗像市）「女中市」　十月初めの宗像神社の秋大祭。

瀬戸内海「奉公市」、「浜子市」とも　開設日は塩田によって異なる。


現地ではどのように呼んだかわからないが、雇人の契約があった山形県白鷹町の虚空蔵尊は、白鷹山（標高八八六晙）の山頂付近にあるので、白鷹山は虚空蔵山とも呼ばれる。また東置賜・西置賜・南村山・西村山・東村山の郡境にあるので「境の虚空蔵」の名もある。この虚空蔵尊は米沢藩十代の上杉治憲（鷹山）が深く信仰した。旧暦四月十七日の例祭日には、田植を終えて休みになっている山形盆地の若い男女が引きも切らず参詣にやってきた。その若い男女を目当てに長井盆地の養蚕農家からも大勢がやってきた。上蔟期を中心に二週間ぐらいはとにかく人手がいるので、これぞと思う男女を雇うためである。養蚕期に長井盆地に流れこんだ若者は五〇〇〇人におよんだとされるが、その一部は虚空蔵尊の祭日に契約したものだった。大正時代の終わりころから養蚕の方法が変わり、少ない人手ですむようになったために、この虚空蔵尊での契約は次第にすたれた。

千葉県大和田町萱田（現八千代市）の「雇人市」については、鎮田桃泉の「萱田ノ雇人市」

があるが、まだ見ていないので、『八千代市の歴史通史編下』を借用する。

萱田の飯綱神社で行われる「権現市」は有名で、毎月二十四日の祭日と八月七日の「七日市」、十二月十六日の「奉公人市」がある。毎月の市は呉服・反物・シャツ・股引・足袋・傘・瀬戸物・金物・古着など日用雑貨、出店は二〇〇軒余も並んだといわれる。特に八月はお盆用品が揃い、十二月は物以外に奉公人を見つける市でもあった。これは働きたい人と働き手を探す人が交渉し、決まると手ぬぐいを被るといい、現在のハローワークのようなものである。明治、大正期と隆盛を極め、昭和初期には境内を市のために拡張したほどであった。近郷近在では知らない人がないくらい有名な市であったが、昭和三十年代から四十年代にかけて衰退していき、現在では中止されている。

これには賃料とどのような仕事をしたのかは書かれていない。

石川県金沢市の「女市」は、元禄のころにはまだ旧暦三月五日ころに立っていた、と長岡博男は「金沢の女市」で論考している。以下、同論考を参考に記す。

　笠の端やかげろふ加賀の女市

この句は元禄九年（一六九六）刊行の俳書『浮世の北』にある芭蕉門下の水田正秀の句で、「奉公人の市に立て人に見らるゝ事の珍しければ」と前書きがある。享保七年（一七二二）刊行の

『北國曲』の中に「加賀曲」というのがあって、その発句に作者不知の、

加賀笠にあをたかされな女市

の一句がある。註に「あをたかす」は人を侮り罵ることだとある。これは女市がなかなか騒々しいものであったことを思わせる。女市が立ったのは金沢城の少し北の、武家屋敷と町家が接するあたりで、町人、武家の両者に都合のよい場所だった。

能登越路村（現中能登町）の藤沢家に伝わった『加越能銘記』の写本の中の、「今町の人市」は、この女市の情景を想像させてくれる。難解な文字を連ねて書いているようだが、長岡博男がそれを意訳している。

年若い女達が、みめかたちを美しく着飾って町や軒場に肩ををならべてたちならび、朝十時から夕方の四時頃迄も口やかましく、がやがやいいながら佇んで、やがて一人に去り二人去り散りさんじてゆく……『北國曲』にあった句とも符節の合った記述である。

加賀藩はこの女市の禁止をしばしば出していたようで、寛文九年（一六六九）やその十年後の延宝七年（一六七九）の「してはならない」という定書が残っている。それでもなお長くつづいてきた慣習は消えることがなかった。民衆の力強さとでもいうのだろうか。

こうした女市に出たのはどのような人々だったのかはわからない。ただこの金沢近郊の村落

では、他家に一度奉公してくることが、将来の結婚生活の前提条件となっていた。これをクガイミとかセケンミといった。これは一つの人生見習いでもあり、当然ながら奉公市に立つ女の人たちにもその意識はあったはずである。

瀧部奉公市

山口県瀧部村（現下関市）の「約束市」ともいった「奉公市」は、記録から元禄元年（一六八八）前後に始まったのではないかと、横手町の若勢調査の前後に瀧部にはいっている稲村文夫は、「長門瀧部奉公市の研究」に書いている。その研究書を参考に記す。

下関市となる前の山口県豊浦郡は本州の西端にあって、瀧部はその北部の中心地、江戸時代には人馬の往来も物資の集散もすべてこの瀧部を経由した。周囲の農山漁村の人々もやってくることから古くから日用品市が立った。奉公市はその市を利用する形で豪士の鷲頭自見によって創設された。鷲頭自見は中世に中国地方から九州北部を手中に納めた大内氏の家来だが、禅学に深く、知恩報徳の考えを持っていた。奉公市も、働かしてもらう恩、働いてもらう恩という思想で、この二つを結合して設立したところに瀧部の奉公市の特質があり、それが瀧部の奉公市が長くつづいてきた理由でもあったという。そして瀧部というと奉公市と思われるようになった。

一方、豊浦郡には神田、田神、豊田前、豊田中、豊田下の字名を見る田所であったが、平野部の田ではなく、山地につらなるいわゆる棚田である。機械化される以前は人手を要した田であるが、この地域の間引きを含む人口減少による人手不足は極めて深刻で、自村内での年雇、日雇では農繁期を切り抜けることができなくなりつつあった。鷲頭自見の奉公人市はその手助けをしたということでもある。その奉公市が毎月一、十、二十日というのも、人手不足に対応したもののように思われるが、毎月この三ヶ日に奉公人が出たわけではない。一月、七月、十一月、十二月は奉公市はなく、日用品市だけであった。三ヶ日の合計で多かったのは五月の七〇〇人、九月の六〇〇人（いずれも推定。昭和十三年ころ）で、農繁期である。

稲村文夫は瀧部の奉公市を昭和十三年（一九三八）と同十五年（一九四〇）に調査したが、そのときの場所は瀧部村本町三丁目と四丁目の間の約一町（約一〇九メートル）の、道幅二〜三間ほどの路上で、両側の人家のひさし下や近くの飲食店内、互思館の屋内がその場になった。互思館は奉公人の斡旋所として、村が昭和八年（一九三三）七月に建設したもので、土間もあるいわば奉公市の中心だった。しかし実際の契約は今も昔も、雨天の日は別にしてして屋外の方が活発になされる、と稲村文夫は書いている。

この奉公市には豊浦郡北部と隣接する大津郡の漁村からもきたが、多かったのは響灘に浮かぶ角島の男女だった。角島は豊浦郡の特牛《こっとい》港から約五キロ、船で四十分ほどの半農半漁の島で、奉公市に出ることを島では「奉公市へ上る」といった。

瀧部奉公市で雇いを交渉中。「長門瀧部奉公市の研究」より

昭和十一年（一九三六）の角島からの奉公人は、男子青年団在籍者四一人、女子青年団在籍者六一人、主婦会員二人、その他の男女八人で、ほとんど青年団員である。高等小学校卒業後から男子は徴兵検査まで、女子は嫁入り前が建前だった。十六、七歳から二十歳前後までの若者たちだが、農繁期には年配の女の人も出た。結婚しても子どもが生まれるまで奉公することもあったという。働く期間は明治四十年（一九〇七）ころまでは年雇もあったが、以後は年雇は少なくなり、半季もしくは日数での契約がなされるようになった。

奉公人に払う賃料を「恩米」といい、明治三十七年（一九〇四）の日露戦争まで、男は十二～三俵、女四～五俵だったが、以後は恩金と恩米の二本建になった。それま

雇いが決まった雇主と奉公人（右）。「長門瀧部奉公市の研究」より

で雇主は春の単衣、冬の袷衣、帯、前垂、腰巻を支給していたが、戦後の物価高で現金で渡すことにしたのである。それは年齢と村によって多少異なるが、およそ男は恩米六俵恩金六十円、女は恩米二俵恩金二十円だった。奉公人の出身の多くが漁村であることから、恩米を重視したが、短期の奉公は恩金だけだった。

奉公人を出していたどこでもそうだったように、この角島でも奉公に出ることで一人前とみなされ、女子はそれが嫁入り資格になっていた。奉公は賃料獲得するとともに修養であり、角島の女子は女中や接客業を嫌い、ほとんど農家に雇われた。次は昭和十一年（一九三六）の角島の奉公人の雇われ先で、女中や接客業はない。

農家　男四八人　女四九人　計九八人
子守　　　　　　女一五人　計一五人

角島から特牛港まで、以前は島の各字ごとに持っていた「字下船《じげ》」でやってきた。特牛港の船着場には角島出身者が経営する角島屋という飲食店があって、船からあがるとそこで腹ごしらえをしたり、あるいは一泊して身仕度をととのへ、瀧部の奉公人市へでかけた。バスに乗る者もいたが、たいていの若者は船着場から瀧部までの五〜六キロの道を歩いた。

また角島屋にはもらった恩米が集められ、各々に奉公人の名前を書いた木札が立てられた。その恩米は字下船に積んで島へ運んだが、そのときは字下船ではなく「市船」といった。

稲村文夫が調査にはいったときは、字下船も角島屋もなくなっていたが、「奉公市へ上る」ときの様子を書いている。

現在では定期船が利用される。定期船の一番は午前六時角島発であるが、奉公市の当日は満員のため臨時船が出る。角島の二港、尾山、元山より四時、六時に交互に立つ。五時半頃から船着場へ荷物を持って集る。男女共当日主家へ出向く者は、仕事着、寝巻、日用品をつめた柳行李又は風呂敷包を、白い帯で背負っている。男は主として青年学校服、又はYシャツ、ズボン、靴といった服装である。女は若く大抵メリンスの着物に、へこ帯姿が多い。処女会員はそれに紺の上張りを着て、パラソル、腕時計、薄化粧の者もある。年配の者もさっぱりした服装をしている。これは奉公市が単なる雇傭契約の場所ではなく、一種の娯楽的色彩を帯びているからであろう。また奉公人が比較的困らぬ家の子女である関係とも考えられる。

それ故この船で奉公市へ出る者すべてが当日奉公契約を結ぶ奉公人ではない。勿論、奉公人が大部分であるが、同時に、前回の奉公市で契約だけし、いったん家に帰り、いよいよつぎの奉公市に主家へ行く者、単に奉公市へ遊びに行く者もある。（中略）以上の如き人々と荷物を満載して港を出る時は、見送り人も大勢集る。若い者（特に年頃の女子）をみも知らぬ遠方へ働きにやるのであるから、心配そうな親達もいる。しかし送られる者はかえってお祭り気分でのんびりしている。

稲村文夫が瀧部にはいった昭和十五年（一九四〇）には、全体的に農村への奉公人は減る傾向にあった。角島からの奉公人の減少はまだそれほどではなかったが、昭和十七年（一九四二）に角島村役場から報告書が届き、稲村文夫は付記につぎのように書いている。

今迄ハ瀧部ニテ奉公市ハ開設セラレ居リ候処昨年度ヨリ自村ニテ開設致候。理由。瀧部奉公市ハ殆ンド角島ヨリノ出場ニテ他村ヨリノ出場僅少ニ付旅費ヲ消費シテマデ他村ニテ

契約市ヲ開設スル必要ヲ認メズ経済更生モココマデ進ンデ来候処村長ノ評判宜敷一人平均四―五円ハ倹約と相成候

一、奉公市出場人員（百二十―三十人位、前年と大体同じ）

二、給金男最高一日五円―最低二円、女最高三、五円―最低一、二円

これによると、昭和十六年度より瀧部奉公市は、角島にも立つ様になった。かくて奉公市は二ヶ所に分散変形したのである。但し角島からの奉公人はさしたる減少をみせないこと、又給金も依然として高い点が注目されるべきである。何れにせよ、純粋の瀧部奉公市は昭和十五年を以て終ったと考えられる。

横手町の朝市が、昭和十六年（一九四一）四月一日の生活必需物資統制令で中断し、それにともなって若勢市も行なわれなくなった。それとは事情が異なるが、瀧部奉公市の変動も同じ年である。若勢市は中断したが、若勢がいなくなったわけでないのは『善治日誌』も語ってくれている。瀧部の奉公人は戦時中もつづいたのだろうか。

角島と本土は海士ヶ瀬戸で隔てられていたが、平成十二年（二〇〇〇）に一七八〇メートルの角島大橋ができて陸つづきとなった。一般道路の橋としては、沖縄県の古宇利大橋につぐ二番目の長さである。瀧部から角島までバス四十分、島めぐりの観光と夏の海水浴で活気を呼びもどそうと島の人々は頑張っている。

玄海の「女中市」

「筑前大島」とも「宗像大島」とも呼ばれる大島（現宗像市）は、福岡県北部の玄界灘に浮かぶ周囲十六・五キロの島で、宗像市の神湊波止場から船で十五分の距離にある。島には宗像大社の中津宮がある。以下は野間吉夫著『玄海の島々』に掲載の「大島オナゴシのハンキスメ」を参考にして記す。

島の住民は昭和四十年代には一七〇〇人ほどいたが、現在は七〇〇人代になっている。島にまだ大勢の若者がいたころ、オナゴシといった娘たちは十月二日に船で神湊波止場に渡り、歩いて玄海町田島（現宗像市）の宗像大社の辺津宮にはいった。放生会が行なわれる日だが、この日にある「女中市」と呼んだ奉公市に加わるためである。一の鳥居下にたむろしていると、そこに雇う農家の主がやってきて、大勢の中からこれならと思う娘に声をかけた。

「あんた、半季行きなさるとじゃが」

そして自分のところの耕作面積、家族のことなどを説明し、娘の住所、年齢、奉公経験などをたずね、そのうえで給金はどのくらいかと持ち出した。両者に安い高いのやり取りがあって、オナゴシの方が気にのらないと苦笑して返事をしなかった。すると雇主は他のオナゴシをつかまえて声をかけた。オナゴシもよく考えて、この雇主ならと思うところで承諾して雇われた。

ここにくるオナゴシは十五、六歳からで、二十歳前後がもっとも多く、結婚しても子どもを預けて出る人もいたという。折り合いがつくと参籠殿の方に行って手打ちをしたが、固めというようなものも契約書もなかった。口約束だけだった。それからオナゴシは一度家に帰り、二、三日後に荷物をもって出直してきた。中には荷物を用意してきて、この日のうちに雇主の農家に住みこむオナゴシもいた。

雇ってくれるのは主に宗像郡下の農家だったが、隣接する郡内やかなり遠い粕屋町まで行ったオナゴシもいる。主な仕事は稲刈りとその後の脱穀調製である。田植は結だったから人手の心配はなかったが、秋はそれこそ猫の手も借りたいほどだったから、女中市でオナゴシにあたる雇主は必死だった。また小作に出すよりオナゴシを雇って収穫を仕上げた方が、小作に出して小作米不納の心配もなく収穫を確かなものにした。

こうした奉公に出ることをオナゴシスメ、ハンキニユクといった。女中市で契約し、ナタナゲといった十二月十三日までの短期の奉公をハンキスメといったが、大島のオナゴシに限って同月一日にカワタリといって帰島したので約六十日の奉公だった。ハンキというのは年雇いの半分ということだが、その期間が短くなっても言葉はそのまま残ったものらしい。

この短い奉公期間に休みはなかった。というより休む間もないないほど忙しい収穫期ということで、仕事はかなりきつかった。それだけにネンオリ（年雇い）より賃料は高かった。俗に十日に一俵（昔の筑前では三斗四升入り）といい、六十日間で六〜七俵を取るオナゴシもあった。カワタリに娘の親は船で神湊波止場まで迎えに行き、帰るとすぐ娘の稼いだ米俵を家の庭に積み重ねて、その多いことを誇るとともに、積んだ米俵に豊かな気持も重ねた。

この女中市の起こりや歴史の記録はないらしい。もっとも盛んだったのは大正時代末から昭和の初めころといわれる。戦時中は物資統制令で米がもらえないこともあって、女中市にくるのはほんの数人に過ぎなかった。それが終戦の年には一気に昔にもどり、五、六十人も出たという。そのころの賃料は粳米一俵と糯米半俵、それに金五千円ほどだった。ところが昭和二十三、四年ごろだったか、職業安定所の職員が放生会の境内にやってきて、きちっと手続きをしないと雇ってはいけないといって、昔からつづいてきた慣習に水をさした。それに大島のオナゴシの地盤であったこの宗像地方に、天草（熊本県）の娘たちが安い賃料で大勢が進出したため、女中市は次第に影の薄いものになっていった。

塩田の「浜子市」

人体に欠くことのできない養分として、日々の食事を通じてとる塩は主に塩田で作られた。塩田は昭和二十七年（一九五二）から「流下式塩田」になるが、古くは「揚浜塩田」、近世初期からは「入浜塩田」だった。これは海岸の砂浜に海水を入れて天日で乾燥させ、塩分のついた砂をろ過して煮詰め食塩にするものだった。こうした塩田は列島の海に面した集落のところどころに見られた。多かったのは瀬戸内海である。元禄十四年（一七〇一）に四十七士の討入り事件を起こした赤穂も、塩の産地として広く知られていた。

国が明治三十八年（一九〇五）に塩を専売制にするまで、海辺で作られた塩は馬や牛の背で運ばれて内陸部の人々の手に渡った。それは収益のある産業として成り立っていたということでもある。以下、『日本塩業大系特論民俗』を参考にして記すが、広島県などでは塩田の経営者を「浜人」あるいは「浜師」、塩田で作業をする労働者を「浜子」と呼んだ。浜子は浜人をホンケ（本家）と呼んだが、それは「浜旦那」といった塩田所有者が自ら浜人、すなわち経営者の場合で、経営が別の人のときはホンケとはいわなかったようである。

入浜塩田は遠浅の海を干拓して塩田にしたもので、多額の資本金を必要とした。一塩戸の面積は一・五〜二ヘクタールほどというのが多く、家族での製塩はできなかったから、大半の作業は雇った浜子に委ねなければならなかった。当然ながら浜子には給金を支払わなければならないし、他に燃料費、材料費などの運転資金も必要だったから、浜人は専ら仕入れ、販売に力をそそいだ。

わずかな田畑を耕す以外に働き場のない海辺の人たちにとって、塩田はよい稼ぎ場だった。重労働ではあったが、賃金もそれなりだったので浜子の希望者は多かった。ただ仕事は技術と経験を必要としたので、浜子の組織にはそれによる序列があった。その名称は塩田によって多少の異なり、つぎは広島県の松永塩田の名称である。

松永塩田は現在の福知山市西部の松永湾にあった塩田で、大きく常雇のホンビト（本人）、臨時雇のコビョウ（小日雇）、カマタキ（釜焚）の三種から成っていた。ダイク（大工）は浜子をまとめて滞ることなく作業を進める責任者で、浜人はまず経験豊かなダイクと契約し、以下の浜子の雇入れをダイクにはまかせた。

ホンビト（本人）　明治四十五年給金
ダイク（大工）　五八円六〇銭
ジョウバマコ（上浜子）　五二円四〇銭
サシバマコ（差浜子）　四五円六〇銭
サンニンメ（三人め）　四三円三〇銭
ヨニンメ（四人目）　四〇円〇〇銭
チュウモン（中者）　三八円八〇銭
カシキ（炊）　三四円二〇銭
コビョウ（小日雇）　明治四十五年日給
ヨセコ（寄子）　九銭～一二銭五厘
ツチフリ（土振）　一二銭五厘～一七銭
ヌイフミ（沼井踏）
カマタキ（釜焚）
トウリョウ（頭領）　二四銭五厘～三〇銭
インキョ（隠居）　二二銭五厘～二七銭

この給金のほかに常雇浜子と釜焚には飯米と味噌・醤油が給付された。松永塩田では節句や祭日に「式日渡し」といって、本家から祝儀が出た。昔は米や酒、餅や鯛などだったが後に金になった。

明治四十年（一九〇七）のホンビトへの式日渡しの例

旧三月三日　八銭六厘
旧七月十五日　二十銭一厘
旧八月一日（祭り）　米一杯酒二合
旧八月二十八日（祭り）　二二銭一厘

カシキ（炊）は塩田の作業に初めてはいった最年少の者で、上級者について浜の作業の見習いをすると同時にホンビト（本人）の食事を作るのが仕事だった。十七、八歳でカシキにはいり、一年目を「山出炊」、二年目を「二年炊」といった。このカシキから次第に役をあがっていくのだが、経験を積んで上級者になることを「座上がり」といった。

カマタキ（釜焚）は塩を作る、日夜つづけての仕上げの作業で、その上手下手が生産量に直接ひびいたので、長年経験のある年長者をあてた。そのトウリョウとは日中の釜焚、インキョ夜間の釜焚である。

松永塩田ではこの浜子を「奉公市」ともいった「浜子市」で雇った。『松永町誌』にその市の様子が書かれている。

暮の二十日頃から二十七、八日頃までに就職の希望者は天満屋附近（徳島）松原堤又は西町入江屋前等に集合し浜主と直接交渉して来年就業の契約を結ぶ。これを奉公市と称した。契約が成立すると来年四月から十月までの給金の五割を前借して冬の生活費に充て、残りを三月と五月の節句に一割づつ、盆に二割、残り一割は最後の日（みとうか＝十月末日）に支給された。この奉公市には地元を始め附近の村落より多数の労働者が集まっていたが、明治十八、九年波止浜流の製塩法が採用されてから愛媛県人が多数来たので地元の雇用人は漸次減少して奉公市の必要がなくなり、明治三十年頃から全く跡を絶った。

瀬戸内海での浜子市は向島（現尾道市）東部の塩田と、生口島（現瀬戸田町）北部の塩田にも見られた。生口島の浜子市は、大正六年（一九一七）までは旧来の夜明けから朝にかけて行なわれていたが、大正八年（一九一九）の瀬戸田塩業購買組合資料につぎのようにある。

浜子市ハ是迄ノ夜明ヲ廃シ営業者先以テ協議会ヲ開キ給金其ヲ相定メ之ニ依リ営業者各々実行スル事

方法が変わって、浜子市はなくなったようである。

この浜子市にくるのは、働きがわるいとか不都合があって次の契約がなされなかった者、浜子の方からいうと、待遇がわるかったり、行っていた塩田がどうにも気に入らなくて、塩田を替えようという者が多かった。大半はこの浜子市で次期の約束ができたという。

雇われたホンビト（本人）は契約期間の四月から十月までは、地元の浜子でもいつでも作業にはいれるように、塩田のそばの浜子小屋に寝泊まりした。その造りは塩田によって違ったが、夫婦、子どもづれてくるダイク（大工）と単身のジョウバコ（上浜子）以下の浜子の小屋（部屋）はたいてい別だった。

単調な小屋での生活の楽しみというと、食うことと夜のバクチぐらいだった。花札やサイコロでやったが、盆にもらう前金をかけて負けてしまう浜子もいた。

小屋に暮らすホンビトに対して、コビョウ（小日雇）は塩田に海水を入れるときなどにやってきて作業をした。コビョウには塩田周辺の女の人を雇うことが多かった。

江戸時代初めから三〇〇余年つづいた入浜塩田は、ほとんどが昭和二十七年（一九五二）から始まった流下式塩田に切替えられた。流下式塩田は年間の稼働日数、一ヘクタールあたりの生産量とも入浜塩田に勝った。一ヘクタールあたりの労働力も、入浜塩田の六～八人に対して流下式塩田ではわずか〇・三～一人でよかった。

こうした塩田は製塩の機械化によって、昭和四十六年（一九七一）にすべて姿を消した。

あとがき

「奉公」という言葉は、代償のない奉仕という意味で今もよく使われる。だが「奉公人」となると、まったくなくなってはいないはずが、今は重ねてすぐ思い浮かべることのできる実態はない。年輩の人なら商家や職人の家で働いていた丁稚を思い起こすかもしれない。でも農村、農家の奉公人となると、昭和三十年代まではあったが、その姿を知っている人がはたしているかどうか、農家に奉公した体験を語ってくれる人も、もういないだろう。

稲村文夫は農村の奉公人の名称をあげている（「長門瀧部奉公市の研究」）。昭和十年代初期のまだ農村の奉公人がいたころの名称であるが、詳細のわかるのは二、三に過ぎない。

若勢（秋田県）、刈子・借子（青森・岩手県）、丘の人（青森県上磯地方）、長手間・一季奉公（宮城県）、居候（福島県）、作代（関東地方）、雇人・稼人（千葉県）、年極人足（群馬県）カマンボコゾウ（江州）、オナゴ（高山市）、ジョーロシ（和歌山県）、秋仕・鎌棒（高知県）、デカン、メロ（鹿児島県）、瀧部では「奉公人」が通称だが、方言ではオトコシ（男衆）またはムクダイオトコ（目代男）、オナゴシ（女衆）、年少者は「子守」、半季雇傭の者はハンケともいう。

短期、長期は別にして奉公人ということでは、このほかにも知られないうち、名を残さないまま消えてしまった奉公人があったはずである。たとえは東北地方などには、田植や米搗の手伝いをするといってまわり、奉公稼ぎをする者がいた。

私は若勢市のあった横手町に生まれ、敗戦の年は男子国民小学校二年生だった。山手にあった家まわりは畑だけ、田は見下ろす谷筋にあって、馬による代掻き、田植、鳥追い、稲刈りなどの光景を見ている。だがそこに若勢がいたのかどうかは、今となってはもうわからない。

私がもの心つくころにはもう退いていたが、父は横手職業紹介所の所長だった。本書に書き入れた、「地方労働紹介の起源と横手の若勢市に就いて」や紙芝居の「縣南哀話」などは、父が残したものである。むろんいつの日か、私が関心を持つであろうということを考えてのことではなかったはずだが、それがなかったら私は若勢について書くことはなかった。若いころはそれがどのような意味を持っているのか、読んでもわからなかったのは確かだった。

私は二十代の終わりの年、昭和四十二年（一九六七）三月から日本観光文化研究所の所員となって、所長の宮本常一の教えを受ける。民俗学写真家として人々のごく普通の生活を撮りながら、生活史の調査と研究をつづけた。そうした中で若勢についも意識を持つようになり少しずつ関連の資料を集めた。横手の友人に頼んで若勢の体験者を探してもらい、話を聞いたりしたが、今にして思うのは。なぜもっと体験者の話を聞いておかなかったかということである。昭和五十年代にはまだ体験者がそれなりにいたはずである。

「わかぜ」という言葉はどこから出たのだろうか。

柳田國男は「農民史研究の一部」という論考に、［青二才といふ語］という中見出しで書いている。鹿児島県では若い者をニセと呼ぶが、これは「新しいセ」、セは夫であり、女から見た成長した兄や弟である。そこから本来セは青年壮年を包括していたとする。これからすると「わかぜ」の「ぜ」もセに通じるのだろう。「わかぜ」にあてた漢字はいくつかあるが、その中の「若勢」は、前向きに進む若者を連想させる。だから「若勢」が若者会や民俗芸能を伝承する団体名などに使われるのは、適切、ぴったりといってよいだろう。

私はある本に次のようなことを書いたことがある。


庶民の歴史というものは、いつの時代にも同じだったのではないかと思う。日々のささやか生活は、文字や映像によって記録されることはほとんどないし、まして教科書によって教えられることはない。時の流れに従って、過去の生活は忘れ去られる仕組みになっている。


この『若勢―出羽国の農業を支えた若者たち』は、その仕組みからかろうじて離脱できた一冊になったかと思う。

平成二十七年六月、生まれ故郷の早乙女が大勢いたころの田植を思いながら――

参考文献

11『民間傳承』十四巻三号、七号日本民俗学会　一九四九～五〇年刊
17『羽陽秋北水土録』（『日本農書全集第七十巻』）農文協　一九九六年刊
17『氷魚の村君』（『菅江真澄遊覧記5』東洋文庫）平凡社　一九六八年刊
18『軒の山吹』（『菅江真澄遊覧記5』東洋文庫）平凡社　一九六八年刊
19『伊頭園茶話』（『新秋田叢書』）歴史図書社　一九七一年刊
19『秋田縣史縣治部三』秋田縣　一九一五年刊
21『出羽國秋田風俗問状答』（『日本庶民生活史料集成第九巻風俗』）三一書房　一九六九年刊
22『植田の話』十文字地方史研究会編　一九八五年刊
22「羽後浅舞町近傍聞書」『旅と傳説』三元社　一九三九年刊
24『十文字郷土誌』十文字地方史研究会　一九五八年刊
29『秋田縣史資料編明治下』秋田縣　一九六一年刊
65『研究紀要1』昇近畿日本ツーリスト・日本観光文化研究所編　一九八一年刊
65『山内歴史・文化便覧』山内歴史・文化便覧編集委員会編　二〇〇八年刊
68『山内村史　上巻』山内村郷土史編纂委員会編　一九九〇年刊
73『秋田縣史資料編第三巻近世下』秋田縣　一九五二年刊
86『秋田縣農事調査』（『明治中期産業運動資料』）日本経済評論社　一九七九年刊
89「秋田縣横手町の常設市場」『經濟史研究』十三巻三号
90「農業勞働市場の一型態―秋田縣横手の若勢市―」『農業經濟研究』第十四巻四号　一九三八年刊
96『羽後町郷土史』羽後町郷土史編纂委員会編　一九六六年刊
96『ふるさと秋田の学び』秋田県教育委員会　一九九六年刊

111『満洲に消えた分村秩父・中川村開拓団顛末記』草思社　一九九五年刊
115『農政落葉籠』岡書院　一九五六年刊
116『五十年のあゆみ』農村更生協会　一九八四年年刊
121『泰阜村誌』泰阜村誌編纂委員会　一九八四年刊
123『満蒙開拓青少年義勇軍編成に關する建白書』『村』農村更生協会　一九三八年刊
131「勞働市場の一形態たる若勢市に就いて」『齋藤報恩會時報一〇九号』一九三六刊
133『横手郷土史』横手郷土史編纂委員会編　一九三三年刊
133『日本民俗圖録』民俗學研究所編　朝日新聞社　一九五五年刊
146『続横手郷土史』横手郷土史編纂委員会編　一九三三年刊
153「若勢奉公・手稼ぎ体験記」『ものがたり余目誌下巻』余目郷土史研究会編　一九九七刊
161『善治日誌』豊原研究会編　農業総合研究所　一九七六年刊
185「若勢の押休みについて再論―藩政後期、庄内地方における年雇労働者の一問題―」『山形県立博物館研究紀要第6号』一九八五年刊
207「背後農村との交渉」『海村生活の研究』柳田國男編日本民俗學會　一九四九年刊
208「女の世間」『宮本常一著作集1』未来社　一九七一年刊
209「特集　女たちの志摩」『あるくみるきく一八三』日本観光文化研究所　一九八二年刊
212『羽後飛島圖誌』(『早川孝太郎全集』第九巻　島の民俗)未来社　一九七六年刊
217『八千代市の歴史通史編下』八千代市　二〇〇八年刊
217「金沢の女市」『加賀能登の生活と文化』慶友社　一九七五年刊
219「長門瀧部奉公市の研究」『社会經濟史學』十二巻四号　一九四二年刊
226『玄海の島々』慶友社　一九七三年刊
229『日本塩業大系特論民俗』日本塩業大系編纂委員会編　一九七七年刊
231『松永町誌』松永町　一九五二年刊
236「農民史研究の一部」『柳田國男全集　第十六巻』筑摩書房　一九六二年刊

著者略歴

須藤　功（すとう いさを）

昭和13年（1938）秋田県横手市生まれ。

民俗学写真家。

民俗学者の宮本常一に師事し、各地の普段の生活を写真で記録するとともに、生活史の研究をつづける。

日本地名研究所より第８回「風土研究賞」を受ける。

著書:『西浦のまつり』『山の標的 ―猪と山人の生活誌―』（未來社）、『葬式 ―あの世への民俗―』（青弓社）、『花祭りのむら』（福音館書店）、『写真ものがたり　昭和の暮らし』10巻、『写真集 山古志村』『大絵馬ものがたり』5巻（農文協）など。

共著：『アイヌ民家の復元　チセ・ア・カラ』（未來社）、『日本民俗宗教図典』（法藏館）、『写真集　横手』（図書刊行会）、『日本各地の伝統的なくらし』（小峰書店）、『昭和の暮らしで　写真回想法』（農文協）など。

編著：『写真でみる　日本生活図引』９巻、『銀鏡神楽 ―日向山地の生活誌―』（弘文堂）、『写真でつづる宮本常一』（未來社）、『図集　幕末・明治の生活風景』（東方総合研究所）

若勢　出羽国の農業を支えた若者たち

定価［本体一八〇〇円＋税］

二〇一五年八月十日　初版発行

著者　須藤　功
発行者　安倍　甲
発行所　㈲無明舎出版
秋田市広面字川崎一一二―一
電話／（〇一八）八三二―五六八〇
ＦＡＸ／（〇一八）八三二―五一三七
振替／〇二五七〇―五―四四八七
印刷・製本　シナノ

ISBN978－4－89544－594－8